朝·淸

외교관계
변화연구

朝貢·册封을 중심으로

朝·淸
외교관계
변화연구

朝貢·册封을 중심으로

金成根 著

한국학술정보㈜

차례

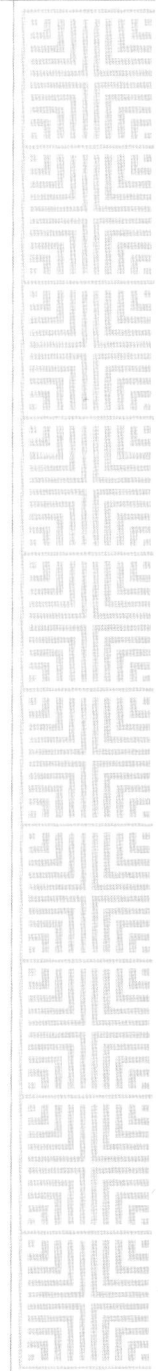

I 序 論

朝·淸 양국은 200여 년 동안 서로 밀접한 정치적 관계를 맺고 복잡하고 긴밀하게 얽혀 있었기 때문에 체계적이고 유기적인 연구를 수행하지 않고 어느 한 시기, 한 면만 고찰하고서는 전체의 역사상을 밝히기 어렵다.[1] 조청관계사에 있어서 특히 조선과 청의 조공책봉관계는 가장 전형적인 형태를 갖추었을 뿐만 아니라[2] 시기별로 복잡하고 다양한 양상을 펼쳤던 반면 그에 대한 전반적인 역사적 고찰은 아주 적은 실정이다.

아울러 조공책봉관계란 조선시대를 비롯한 고대로부터 전근대에 이르기까지 전 시기를 통한 한국과 중국의 외교시스템이라고 할 수 있다. 따라서 조공책봉관계의 변화양상을 하나의 매개체로 설정함으로써 조선과 청의 외교관계 연구에 접근할 학문적 필요성이 있겠다.

지금까지 역사상 중국과 한국을 포함한 동아시아 주변국과의 외

---

1) 김종원, 『근세 동아시아관계사 연구 − 朝淸交涉과 東亞三國交易을 중심으로 −』, 혜안, 1999, 11쪽 참조.

2) 조청 간의 조공책봉제도의 가장 전형적인 형태란 주로 그 제도에 포함되는 경제적·정치적·의례적 등 요소가 말 그대로 가장 전형적으로 갖추어진 것을 뜻한다. 명청시대를 전형적인 조공책봉 시기라고 볼 수 있는데, 제반 요소에 있어서 청대에는 명대의 그것에 비해 보다 전형적이었다고 할 수 있다. 이와 관한 상세한 내용은 전해종, 「韓中朝貢關係考 − 韓中關係史의 島鑑을 위한 導論 −」, 『東洋史學硏究』 1, 1966; 본고 2장 1절 참조.

교관계를 여러 가지 용어로 표현해 왔다. 기존 학계에서는 보통 이 관계를 '朝貢關係', '朝貢制度', '冊封體制', '封貢體制', '冊封朝貢體制' 등으로 규정하였다.[3] 구체적으로 보면, 일본 측에서 책봉체제라는 용어를 흔히 사용하는 반면 중국 측에서는 '宗藩體制' 혹은 '宗藩關係' 등으로 부르는 경우가 많다. 본서에서는 우선 이러한 관계를 일괄적으로 조공책봉관계로 통칭하고자 한다.

조공책봉관계란 조공·책봉·頒曆을 기본조건으로 하여 맺어진 것이고, 그 자체가 중국과 주변국가 간의 국력과 문화적인 격차를 기초로 하여 형성된 것으로서 흔히 禮敎秩序를 위주로 하는 儀禮的이고 名分論的인 국제관계라고 할 수 있다.[4] 그 밖에 조청 양국 간의 조공책봉관계는 시기별로(특히 성립과 변질 단계) 정치적 성격이 강한 특수한 관계에 처해 있을 때도 있었다. 17세기 이래 조청 양국 간의 외교는 바로 이러한 조공책봉관계에 기초하여 수립·전개되어 왔다고 할 수 있겠다.

지금까지 조청관계사에 대한 연구는 정치·경제·문화교류 등의 영역에서 비교적 활발히 진행되어 왔다.[5] 우선 조청 외교관계의 큰

---

3) 방향숙, 「古代 동아시아 冊封朝貢體制의 원형과 변용: 한중관계를 중심으로」, 『한중 외교관계와 조공책봉』(고구려연구재단총서 08), 고구려연구재단, 2005, 15쪽 참조.

4) 전해종, 앞의 논문, 1966, 34쪽, 李完宰, 「'開化期의 淸·朝宗屬'問題에 대하여」, 『韓國學論集』 12, 1987, 145쪽 참조.

5) 주요 연구저서로는 전해종, 『韓中關係史 研究』, 일조각, 1970; 최소자, 『淸과 朝鮮-근세 동아시아의 상호인식』, 이화여자대학교 史學研究所, 1995; 최소자, 『명청시대 중·한관계사연구』, 이화여자대학교 출판부, 1997; 김한규, 『한중관계사』 II, 아르케, 1999; 김종원, 『근세 동아시아관계사 연구』, 혜안, 1999; 조영록, 『근세 동아시아 삼국의 국제교류와 문화』, 지식산업사, 2002; 이장우 외, 『중국, 한국과 세계』, 영남대 출판부, 2003; 張存武, 『淸韓宗藩貿易』, 臺北: 中央研究院近代史研究所, 1985; 楊昭全 外, 『中韓關係通史』, 吉林人民出版社, 1996; 李花子, 『淸朝與朝鮮關係史研究 - 以越境交涉爲中心』, 延邊大學出版社, 2006; 魏志江, 『中韓關係史研究』, 中山大學出版社, 2006 등이 있다. 그 밖에 한중관계사에 관한 전반적인 연구 성과는 김한규, 앞의 책, 1999, 1133-1140쪽에도 자세히 소개되어 있다.

틀이라고 할 수 있는 동아시아 국제질서에 대한 연구는 1960년대 이후 본격적으로 진행되어 왔다. 초기의 연구는 주로 일본 학계에서 제기된 책봉체제론을 중심으로 전개되었으며, 이후 한국, 중국 및 서구학자들에 의해서 여러 가지 의견들이 제시되었다. 그중 대표적인 이론으로 '책봉체제론', '國際的 契機論', '力學關係論', '동아시아세계론', '조공시스템론', '역사공동체론' 등이 있다.[6]

이처럼 조공책봉의 문제는 더 이상 논의될 부분이 없다고 생각될 정도로 많은 연구가 진행되어 왔다. 한편으로 이러한 연구들이 현재까지 많은 학자들의 동의를 얻지 못하였던 것은 각각의 논의들이 주로 자국의 역사적 우월성이나 주체성을 찾는 방향으로 연구되어 왔기 때문이라고 생각된다. 여기에서는 우선 어느 국가, 어느 학자의 관점이 정확한가를 떠나서 이러한 연구 성과를 충분히 수용한 토대 위에 동아시아 조공책봉제도의 밑그림을 그려 볼 필요가 있다고 본다. 그러기 위해서는 객관적인 시각에서 고대로부터

---

6) 여기에서는 동아시아 국제질서에 관한 각 이론에 대해 따로 상술하지 않고 그에 관한 대표적인 연구 성과를 정리하면 다음과 같다. 주로 西嶋定生, 「東アジア世界と冊封體制－六－八世紀の東アジア」, 岩波講座 『日本歷史』 2, 東京: 岩波書店, 1962; John K. Fairbank, The Chinese World Order, Cambridge: Harvard University Press, 1968; 堀敏一, 「東アジア世界の形成 Ⅱ. 總說」, 岩波講座 『世界歷史』 5, 東京: 岩波書店, 1970; 濱下武志, 『近代中國の國際的契機 朝貢貿易システムと近代アジア』, 東京大學出版會, 1990; 濱下武志, 『朝貢貿易システムと近代アジア』, 東京: 岩波書店, 1997; 喩常森, 「試論朝貢制度的演變」, 『南洋問題研究』 101, 2000; 피터 윤, 「서구학계 조공제도 이론의 중국 중심적 문화론 비판」, 『아세아연구』 45권 3호, 2002; 岡本隆司, 『屬國と自主のあいだ－近代淸韓關係とアジアの命運』, 名古屋: 名古屋大學出版會, 2004; 李云泉, 『朝貢制度史論－中國古代對外關係體制研究』, 北京: 新華出版社, 2004; 김한규, 『天下國家－전통시대 동아시아 세계 질서』, 소나무, 2005 등이 있다. 그리고 상술한 동아시아 국제질서 이론에 대한 전반적인 분석에 관해서는 아래의 글들이 참조된다. 서영수, 「三國時代 韓中外交의 전개와 성격」, 『古代韓中關係史의 硏究』, 삼지원, 1987; 방향숙, 「古代 동아시아 冊封朝貢體制의 원형과 변용: 한중관계를 중심으로: 」, 『한중 외교관계와 조공책봉』(고구려연구재단총서 08), 고구려연구재단, 2005; 박원호, 「근대 이전 한중관계사에 대한 시각과 논점－동아시아의 국제질서의 이론을 덧붙여－」, 『한국사 시민강좌』 40, 일조각, 2007 등.

전근대에 이르기까지의 조공책봉제도의 기본특징 및 변화과정을 개관적으로 고찰할 필요가 있다.

이어서 기존의 조청 조공책봉관계에 대한 연구를 살펴보도록 하자. 이에 관해 한국 측에서는 1960년대 이후 본격적으로 연구되기 시작하였다.[7] 특히 전해종을 중심으로 하여 이루어진 이들 연구 성과들은 청대를 비롯한 전통시대 양국 간의 조공책봉관계에 있어서 다면적이고 풍부한 연구업적을 남겨 놓음으로써 이와 관련된 연구 토대를 마련하였다. 중국과 일본 측 연구 성과 역시 비교적 많다.[8]

여기에서는 상술한 연구 성과들에 대해 일일이 분석하지 않고 본서와 결합시켜 몇 가지 대표적인 문제점과 차이점을 지적하고자

---

7) 이와 관련된 연구로는 전해종, 「韓中朝貢關係考 - 韓中關係史의 島鑑을 위한 導論 -」, 『東洋史學研究』 1, 1966; 전해종, 『淸代 韓中 朝貢關係 綜考』, 『震檀學報』 29·30, 1966; 전해종, 「淸代 韓中關係의 一考察 - 朝貢制度를 통하여 본 態度의 변천에 대하여 -」, 『東洋學』 1, 1971; 전해종, 『韓中關係史 研究』, 일조각, 1970; 김상기, 「朝貢의 經濟的 意義」, 『古代韓中關係史의 研究』(韓國史研究會 편), 三知社, 1987; 유재택, 「전통적 朝貢關係와 韓·中 關係의 이해」, 『東西史學』 1, 1995; 남궁곤, 「동아시아 평화체제에 관한 연구: 조선사행록을 통해 본 18세기 조공체제」, 『한국정치학회보』, 1999; 김한규, 『한중관계사』 Ⅱ, 아르케, 1999; 권선홍, 「조선시대 중국과의 책봉·조공관계에 대한 인식」, 『國際問題論叢』 12-13, 2002; 최동희, 「조선과 청의 조공관계 연구」, 『한국정치외교사논총』 24, 2002; 구선희, 「19세기 후반 조선사회와 전통적 조공관계의 성격」, 『史學研究』 80, 2005; 정용화, 「조선의 조공체제 인식과 활용」, 『한국정치외교사 논총』 27, 2006; 유제령, 「조공책봉관계의 시대적 변천을 통해서 본 한중관계사의 이해」, 동국대 교육대학원 석사학위논문, 2007 등이 있다(각주 5와 중첩되는 부분이 있음).

8) 각주 4 중의 유관된 성과 외에, 중국 측 연구 성과로, 陳潮, 「明淸之季中韓宗藩關係探索」, 『學術論壇』, 1997; 林龍飛, 「晚淸宗藩體制的解體」, 『湘潭大學社會科學學報』, 2000; 林龍飛, 「淸代宗藩體制的形成及特點初探」, 『長沙電力學院學報』(社會科學版), 2001; 劉爲, 「淸代中朝宗藩關係下的通使往來」, 『中國邊疆史地研究』 10-3, 2000; 魏志江, 「論淸兵入關後大淸與朝鮮的關係 - 兼與韓國全海宗教授商榷」, 『江海學刊』, 2002; 刁書仁, 「論淸朝與朝鮮宗藩關係的形成與確立」, 『揚州大學學報(人文社會科學版)』 7-1, 2003; 林国亮, 「試论近代中朝宗藩关系的瓦解」, 延边大学 硕士学位论文, 2003; 喩常森, 「試論朝貢制度的演變」, 『南洋問題研究』 101, 2000; 黃俊華, 『李鴻章与晚淸宗藩体制的瓦解』 河南大学 硕士学位论文 2004 등이 있다.
일본 측 연구 성과로, 田中健夫, 『中世對外關係史』, 東京大學出版會, 1975; 西嶋定生, 『中國古代國家と東アジア世界』, 東京大學出版會, 1983; 堀敏一, 『中國と古代東アジア世界』, 東京: 岩波書店, 1993 등이 있다.

한다.

첫째, 기존의 연구들을 통해 전통적 조청 조공책봉관계의 성립배경과 과정에 대해 일정한 논의가 이루어졌다. 하지만 현재까지 종래의 통설에서는 조선과 후금의 외교관계의 추이에 대한 現象的 파악에 치중하는 반면 여진도 역시 후금의 이전 형태라는 점에서 출발하여 조선·명·후금 삼국의 국제관계에 중점을 두고 이들 간의 실질적인 외교관계 변화에 대한 연구가 적은 실정이다. 그리고 여진과 조선 및 명과의 외교관계 특성에 대해 종합적인 검토를 진행할 필요가 있다.

둘째, 기존의 연구들은 조청 조공책봉관계의 전개 연구과정에서 그것이 전통시대에 유지되어 온 한국과 중국의 조공책봉관계라는 틀에 맞춰 조공과 책봉 중의 실질적 양상들을 언급하는 데에 주목하는 반면, 양국 간의 조공책봉관계가 지속적으로 유지될 수 있었던 내재적 원인에 대한 연구가 비교적 드물다.

셋째, 조공책봉의 그 본래적 기능이 정치·외교적인 것이고 그 문화적·경제적 기능이 어디까지나 부수적9)인 것은 사실이다. 한편으로 그럼에도 불구하고 상술한 문제와 마찬가지로 이 분야에서도 역시 역사연구가 정치적 요소와 복합적으로 어우러져 자국의 '내재적인 면'에 역점을 두는 한계가 있고 여러 가지 연구관점과 견해의 차이를 보인다.

구체적으로 보면, 조청 조공책봉관계의 성립 및 전개의 시한에 관해서는 의견이 비교적 일치하는 반면 개항 이후에 그것의 변화과정의 시기구분에 있어서 여러 가지 부적절한 관점이 엿보인다.

---

9) 전해종. 앞의 논문, 1966, 56쪽.

예를 들어, 붕괴 시한에 관해 渡邊龍策 등 일부 일본학자들은 1876년에 강화도조약의 체결 이후 조선이 외교자주권을 가진 獨立國으로 인정됨으로써 청과의 전통적 관계가 붕괴되었다고 보고 있다.[10] 그러나 실제적으로 볼 때 그 이후 청일전쟁 이전까지도 조선은 청에 조공사절을 보냄으로써 지속적으로 조공책봉관계를 맺어 왔다. 그리고 일부 통설은 1882년에 한미조약 중에서 조선이 미국 측의 全權代表와 조약을 체결한 점에 초점을 맞추어 조선이 자주독립적인 외교권을 행사함으로써 청과의 전통적 관계가 붕괴되었다고 주장하는 반면 조약체결을 한 장의 빈 公文에 지나지 않는다고 주장하는 설도 있다.[11] 사실 조선의 구미열강과의 조약체결 과정도 청의 주선하에 이루어진 것이고 따라서 이 시기 조청관계는 아직 실질적인 변화가 없었다.

그리고 개항기 이후 조청 관계의 특성변화에 근거하여 시기구분을 표현함에 있어서의 구체적인 용어에 대해서도 명확히 규정할 필요가 있겠다.[12] 예를 들어, 기존의 학계에서 조청 조공책봉관계의 특성변화를 뜻하는 용어 및 시기구분에 대해 약간씩 서로 다른 견해의 차이를 보이고 있다. 대표적인 예로, 구선희는 조청 상민수륙무역장정의 체결을 기준으로 조청 조공책봉관계가 와해되었다고 주장하였다.[13] 이에 반해, 김한규는 갑신정변을 조청 조공책봉관계

---

10) 渡邊龍策, 『近代日中政治交涉史』, 東京: 雄山閣, 1978, 43쪽.

11) 楊昭全·何彤梅, 『中國-朝鮮·韓國關係史』 下, 天津出版社, 2001, 669쪽.

12) 예를 들어, 기존의 학계에서 조청 조공책봉관계의 특성변화를 뜻하는 용어 및 시기구분에 대해 약간씩 서로 다른 견해의 차이를 보이고 있다. 대표적인 예로, 구선희는 「19세기 후반 조선사회와 전통적 조공관계의 성격」(『史學硏究』 80, 2005)에서 조청 상민수륙무역장정의 체결을 기준으로 조청 조공책봉관계가 와해되었다고 주장하였다.

13) 구선희, 「19세기 후반 조선사회와 전통적 조공관계의 성격」, 『史學硏究』 80, 2005.

의 붕괴의 분수령으로 보고 있는 동시에 청일전쟁 후 馬關條約의 체결을 그 종결로 보고 있다.[14] 따라서 이러한 문제에 대해 종합적·객관적인 검토가 이루어져야 한다고 본다.

상술한 문제점들 외에도 가장 크게 주목해야 할 것은 현재까지 조청 조공책봉관계에 있어서 부분적으로 서술된 것이 많은 반면 그것의 성립부터 붕괴까지의 전반적인 변화과정에 대해 논리적·종합적·체계적으로 연구된 것이 거의 없다는 점이다.

이 밖에 조선과 청의 외교관계에 관한 연구 성과를 크게 살펴보면, 한국 측에서는 주로 한말외교사에 집중되어 있거나 특정된 시기별, 사건별로 연구되어 있는 실정이다.[15] 중국과 일본 측의 연구 성과 역시 특정된 인물이나 시기, 분야를 중심으로 이루어진 실정이다.[16]

---

14) 김한규, 『한중관계사』 II, 아르케, 1999.

15) 주요 저서로 申基碩, 『韓末外交史研究』, 일조각, 1967; 金景昌, 『東洋外交史』, 집문당, 1982; 申基碩, 『동양외교사』, 탐구당, 1983; 金洪喆, 『外交制度史』, 民音社, 1985; 金容九, 『세계관 충돌과 한말 외교사(1866-1882)』, 문학과 지성사, 2001; 최동희, 『조선의 외교정책』, 집문당, 2004; 성황용, 『근대동양외교사』, 명지사, 2005 등이 있다.
학위논문으로 주로, 沈星求, 「朝淸關係에 있어서 宗主權의 近代的 推移」, 동국대 석사학위논문, 1963; 권수현, 「大院君政權(1864-1873)의 對淸政策에 관한 一硏究」, 고려대 교육대학원 역사교육과 석사학위논문, 1992; 김정기, 『1876-1894년 淸의 朝鮮政策 硏究』, 서울대 박사학위논문, 1994. 권혁수, 「李鴻章의 朝鮮認識과 政策 硏究(1870-1895)』, 韓國精神文化硏究院 한국학대학원 박사학위논문 1998 등이 있다.

16) 중국 측의 연구 성과로, 楊公素, 『晩淸外交史』, 北京: 北京大學出版社, 1991; 片忠范, 「袁世凱與中韓宗藩关系」, 北京大學 碩士學位論文, 1996; 王明星, 『韓國近代外交與中國』, 北京: 中國社會科學出版社, 1998; 朱高云, 「李鴻章外交思想硏究」, 北京大學 碩士學位論文, 1998; 王紹坊, 『中國外交史』(1840-1911), 鄭州: 河南人民出版社, 2004; 張凌宇, 「晩淸李鴻章外交策略述論」, 吉林大學 碩士學位論文, 2004; 張立華, 「論淸政府在朝鮮問題上的'以夷制夷'策略」, 延邊大學 碩士學位論文, 2004; 熊志勇·蘇浩, 『中國近現代外交史』, 北京: 世界知識出版社, 2005; 楊岩, 「淸代前期外交硏究」, 山東大學 碩士學位論文, 2006 등이 있다.
일본 측의 연구 성과로, 渡邊龍策, 『近代日中政治交涉史』, 東京: 雄山閣, 1978; 姜在彦, 『朝鮮の開化思想』, 東京: 岩波書店, 1980; 姜在彦, 『近代朝鮮の思想』, 東京: 明石書店, 1996; 沈箕載, 『幕末日朝外交史の硏究』, 臨川書店, 1997; 岡本隆

이러한 상황의 발생은 어느 정도 '東亞無外交'라는 잘못된 관점의 영향하에서 비롯된 것이 아닐까 생각된다. 즉 이러한 관점은 고대로부터 내려온 "諸侯無外交, 不二君也"라는 설에 의거하여 중국을 중심으로 하는 동아시아 화이질서 속에서 종주국과 번속국의 관계만 존재하고 그 이상의 독립적인 외교관계는 존재할 수 없다고 인정하는 것이다. 이는 중국이 주변 번속국의 군주를 책봉함으로써 형성된 君臣관계에만 국한되는 대신 예교질서를 중요시하는 고대 조공책봉제도의 기본특성, 즉 중국이 비록 종주국이라 하지만 주변 번속국(조선을 비롯한)의 내정과 외교에 일체 간여하지 않는다는 점을 충분히 이해하지 못한 데서 비롯된 것이라 생각된다.[17] 따라서 전통적인 동아시아 외교제도를 근대적인 서구 외교제도와 비교해 볼 때, 내용 및 특징상 차이가 있을 뿐 그것의 존재를 전체적으로 간과해서는 안 되는 점을 강조하고자 한다.

이러한 논리하에 외교를 근대적인 서구중심의 개념으로만 보지 않고 시각을 바꾸어 동아시아 국제질서하에서 조공책봉관계도 일종의 외교시스템이라는 점으로부터 출발하여 전반적인 조청 외교관계를 연구하는 것은 그로서의 의미가 충분하다고 생각된다. 이와 관련하여, 최근에 이르러 조공책봉제도를 중심으로 한중 외교관계 연구에 접근하는 노력들이 이루어지기 시작하였다.[18]

司, 『屬國と自主のあいだ: 近代淸韓關係と東アジアの命運』, 名古屋大學出版會, 2004; 川島眞, 『中國近代外交の形成』, 名古屋大學出版會, 2004; 西里喜行, 『淸末中琉日關係史の硏究』, 京都大學學術出版會, 2005 등이 있다.

17) 이러한 관점이 조청 외교관계 연구의 질곡으로 되는 데는 크게 두 가지로 나눌 수 있겠다. 첫째, 조선에 대한 청의 종주권만 강조하다 보니 조선외교의 자주성을 말살할 수 있고, 둘째, 조선 事務 중에 있어서의 청의 지위와 역할을 과대평가하다 보니 근대 한국외교의 실책을 모두 청의 책임으로 몰아넣을 수 있다는 것이다(王明星, 앞의 책, 1998, 4쪽 참조).

18) 이에 관한 대표적인 연구 성과 중에서 방향숙 외 지음, 『한중 외교관계와 조공책봉』(고구려

따라서 본서에서는 명·청 교체기 전후인 17세기부터 청일전쟁 직후 19세기 말까지를 주 연구 시기로 설정하고 조청 조공책봉관계의 변화과정을 특징별로 성립, 전개, 동요, 변질 및 붕괴 등 다섯 개 단계로 나누어 각 단계별로 그들의 내재적 발전변화의 원인, 특징과 의미 등을 중점적으로 살펴봄으로써 이를 통해 조청 외교관계의 기본적 실상과 변화특징에 관해 살펴보고자 한다.

기존의 연구 성과에 대한 종합적인 논의를 토대로 본서는 상술한 문제의식과 시각하에 아래와 같이 내용을 구성하고자 한다.

Ⅱ장에서는 먼저 조공책봉제도가 조청 외교관계의 큰 틀이라는 논리하에 고대로부터 전근대에 이르기까지 이어져 온 동아시아 조공책봉제도의 기본특징을 종합적으로 살펴보고자 한다. 그리고 이를 토대로 청의 이전형태라는 차원에서 여진 및 후금을 둘러싼 조선과 명과의 외교관계를 살펴보고자 한다. 궁극적으로 朝·淸관계의 성립과 전개는 朝·明관계와 밀접한 연관이 있다. 따라서 이러한 논술을 통하여 조청 조공책봉관계가 성립되는 역사적 배경과 특징을 고찰하고자 한다. 이 부분 역시 조청 외교관계 발단의 역사적 배경에 대한 고찰이라 할 수 있겠다.

Ⅲ장에서는 먼저 양대 호란을 전후한 후금과 조선과의 외교적 갈등을 살펴본 후 이를 토대로 조청 조공책봉관계의 성립 및 전개과정을 고찰하고자 한다. 특히 양국 조공책봉관계의 성립 및 전개

연구재단 연구총서 08), 고구려연구재단, 2005를 들 수 있다. 예를 들어, 본서 중 신채식은 「高麗와 宋의 外交關係 - 朝貢과 冊封關係를 중심으로 - 」에서 조공책봉관계를 중심으로 정복왕조인 요·금 시기에 고려와 송의 외교관계를 집중적으로 조명하였다. 바꾸어 말해, 조공책봉관계와 한중 외교관계를 밀접히 연계시킴으로써 이에 관한 연구영역에서의 새로운 방향을 제시해 주었다.

과정에서 나타나는 기본적인 변화양상과 특성 및 朝·明관계와의 차이점 등을 규명해 보고자 한다. 이 부분 역시 조선·명·후금 간의 삼각 외교관계가 강압적인 조청 외교관계의 과정을 거쳐 나중에 전통적인 조청 외교관계로 전환되어 가는 부분에 해당된다고 볼 수 있다.

Ⅳ장에서는 개항 전후에 이르러 서구 근대적 외교질서의 충격과 일본, 러시아 등 세력의 침투로 인해 동아시아 조공책봉질서가 크게 흔들림에 따라서 조청 조공책봉관계가 어떠한 일련의 도전을 겪고 동요되는지를 살펴보고자 한다. 즉 이 부분은 전통적 조청 외교관계의 동요과정이라고 할 수 있다.

Ⅴ장에서는 서구열강을 비롯한 외부세력, 특히 일본세력의 영향 하에 조청 조공책봉관계가 변질되어 가는 구체과정을 살펴보고 아울러 조청관계의 변질(및 가일층 변질)과정 중의 단계별 특징을 추이하고자 한다. 이를 위해서 청의 對조선정책의 변화과정, 그에 따른 조선의 대응을 중심으로 고찰하고 나아가 이를 토대로 전통적 조청 외교관계의 실질적인 변화양상을 살펴보고자 한다. 이어 청일전쟁에서 청의 패배로 조청 조공책봉관계가 붕괴되어 가는 과정을 살펴보고자 한다. 이 부분은 전통적 조청 외교관계가 근대적 조약관계로 전환되어 가는 과정이라고 할 수 있다.

본서는 기존의 연구 성과(한중 양국을 중심으로)를 비판적으로 수용하면서 이상과 같은 연구목적에 주안점을 두고 조공책봉관계의 변화과정과 조청 외교관계와의 내재적 연계를 규명하고자 한다.

조공책봉, 나아가 외교관계에 관한 연구는 중요하면서도 비교적 민감한 문제라고 생각된다. 본서는 상술한 문제들을 해결하기 위해서, 특히 조선과 청의 외교관계 변화과정에 주목하면서 사료들의 인용상에도 나름대로 세심한 주의와 노력을 기울이고자 하였다. 따라서 한중 양국의 대표적인 관방사료들을 인용하는 것을 주요 원칙으로 삼았다. 한국 측 사료로는 주로 『조선왕조실록』, 『통문관지』를 중심으로 참조하였고 중국 측 사료로는 『명실록』, 『청실록』을 중심으로 인용하였다. 그 밖에 한말 부분에 있어서는 한국 측 사료의 제한으로 말미암아 본의 아니게 주로 중국 측 사료들을 인용하였음을 미리 밝혀두고자 한다.

물론 본서는 어디까지나 조청 외교관계사의 봉설석인 연구에 그치지 않는다. 하지만 한편으로 이러한 연구와 접근을 통하여 나름대로 객관적인 시각으로 조청 조공책봉관계의 변화과정을 전반적으로 분석, 검토, 정리함으로써 양국 외교사뿐만 아니라 전근대 동아시아 외교사의 재정립에 일조가 되지 않을까 생각한다. 아울러 국제교류가 날로 향상되고 평화와 발전을 주류로 하는 21세기에 형식적이고 의례적이면서도 일정한 시기에는 정치적 성격이 강해야만 했던 조청 조공책봉관계의 변화를 매개로 조청 외교관계를 재조명함으로써 한중 양국, 나아가 동북아 국제관계 연구와 학문적 발전에 조그마한 기여라도 되었으면 하는 바람이다.

II 조공책봉체제와
朝·明·後金 외교관계

1. 동아시아 조공책봉체제의 기본특징

고대로부터 중국은 전통적인 중화사상 아래에서 四夷의 方位에 의하여 東夷·西戎·南蠻·北狄이라는 총괄적인 호칭을 썼고, 중국인의 화이질서는 문명의 기틀로서 중화의 주인은 동시에 천하의 주인이라는 천하적 세계관을 바탕으로 대외관계의 질서, 즉 조공책봉체제를 구축하였다.[19]

이러한 동아시아 국제질서 속에서의 조공책봉관계는 宗主國과 朝貢國(또는 附庸國)과의 관계이다. 중국사에서 흔히 사용하는 용어로는 '上國'과 '屬國'[20]·'藩屬'·'屬邦'과의 관계이다. 조공책

---

19) 최소자, 『명청시대 중·한관계사 연구』, 이화여자대학교 출판부, 1997, 15쪽.

20) '屬國' 개념 정의에 있어서 여러 가지 논란이 있는데, 최근에 이르러서도 중국 측에서는 고대 중국에서의 '藩屬國'(朝貢國)과 '屬國' 개념을 혼용해 부르는 경우가 많다. 이것은 중국 측 史書에서 조공국을 屬國이라 칭하는 용례를 어렵지 않게 찾아볼 수 있는 것과 직접적인 관련이 있다고 생각된다. 이른바 고대 중국왕조에서는 內藩과 外藩을 모두 속국이라 기술한 것이다. 요컨대 피책봉 조공국을 중국왕조의 관인이 '속국', '속방'이라 기술한 예는 淸末까지 散見된다(노태돈, 「고구려와 북위 간의 조공·책봉관계에 대한 연구」, 『한국 고대국가와 중국왕조의 조공·책봉관계』(고구려연구재단 연구총서 15), 2006, 98~99쪽 참조). 이러한 문제점에 착안하여 宋慧娟은 명청시대에 이르러서도 중국 측 사료에서 주변의 조공국가들을 가리킬 때, '屬國朝鮮', '屬國安南' 등으로 표현하는 경우가 많은 것을 근거로 제시하면서 이 시기에 중국에서 흔히 말하는 '屬國'의 의미는 주로 중국과 조공책봉관계를 맺은

봉관계에는 주로 아래와 같은 공통요소를 지니고 있다.[21] 첫째, '상
국'인 중국의 황제는 조공국의 지배자를 국왕에 책봉한다. 둘째, 조
공국은 중국이 제정한 역법을 사용하고 중국황제의 연호를 사용한
다. 셋째, 조공국들은 정기적으로 중국에 조공을 바치고, 중국 황제
는 이에 대해 回賜한다. 넷째, 중국 측에서 본 경우 조공책봉관계
를 지탱해 주는 대외의식의 핵심은 華夷思想(中華思想)이다.[22]

　이로부터 알 수 있듯이, 화이사상에 기초한 조공책봉관계는 상하
차등적인 불평등한 국제관계로서, 주변국에 대한 중국의 정치적·
경제적·문화적 우월성을 전제로 한 것이다. 물론 이와 같은 조공
책봉관계도 끊임없이 지속되어 온 것이 아니고 시기별로 중국이
분열되어 있거나 국력이 열세에 처함에 따라서 그 실질이 관철되
기 어려울 때도 있었다.[23] 그리고 중국 봉건제도의 禮에 의한 이러
한 화이의식은 漢代 이후 이웃나라들에 적용되었고 점차 臣禮行爲
를 요구하는 조공과 책봉의 외교규범으로 정형화되어 갔다.[24]

　따라서 조공책봉관계가 중국과 주변국과의 외교시스템이라는 차
원에서 고대 동아시아 국제질서를 조공책봉 외교체제라고도 부를
수 있겠다.[25] 다시 말해, 17세기 이전 동아시아 세계에서는 대체로

　주변 국가들을 지칭한다고 하였다. 따라서 그는 '屬國' 의미에 대한 가장 정확한 표현은 "중
국 중앙정권과 宗藩關係를 맺은 타민족, 타 지역 혹은 타 국가"라고 지적하였다(宋慧娟,
『淸代中朝宗藩關係嬗變硏究』, 長春: 吉林大學出版社, 2007, 3-4쪽 참조).

21) 물론 조공책봉관계라 해서 공통요소들을 모두 갖춘 것은 아니고, 시기별·국가별로 예외적인
　　상황도 있다. 고대 중국과 유럽 諸國과의 관계가 바로 그러하다고 볼 수 있겠다.

22) 최동희, 『조선의 외교정책』, 집문당, 2004, 25쪽, 구선희, 「19세기 후반 조선사회와 전통적
　　조공관계의 성격」, 『史學硏究』 80, 2005, 155쪽 참조.

23) 박원호, 「근대 이전 한중관계사에 대한 시각과 논점－동아시아의 국제질서의 이론을 덧붙
　　여－」, 『한국사 시민강좌』 40, 일조각, 2007, 41쪽.

24) 이춘식, 「朝貢의 起源과 그 意味－先秦時代를 中心으로－」, 『中國學報』 10, 1969,
　　12-20쪽 참조.

중국을 중심으로 주변국가와의 사이에 책봉과 조공을 주고받는 宗主國과 藩屬國의 관계로 국제관계가 맺어졌다.[26)]

조공책봉관계에 있어서 조공은 본래 주변제국의 군주가 중국의 황제에게 稱臣하여 오는 일종의 정치적·의례적 형식이다. 아울러 이에 수반되는 貢物의 奉獻과 이에 대한 回賜는 中外 間의 문물교류인바, 경제적·문화적 요소도 지니고 있기에 조공무역이라는 형태도 갖추게 되었다. 이렇듯 조공은 실로 다양한 의미를 복합적으로 가지고 있는 개념이라고 볼 수 있다.

이러한 차원에서 기존의 연구 성과에 근거하여 한중 양국을 중심으로 조공책봉관계를 유형별로 다음과 같이 분류할 수 있다.[27)]

〈표 1〉 조공책봉관계 분류

정 치	조공책봉관계에는 형식적이고 의례적인 요소가 많다고 해도 엄연히 중국을 종주국으로, 주변제국을 조공국으로 하는 국제관계를 전제로 하였다. 또한 조공책봉체제의 구성원인 중국과 조공국은 모두 독립된 별개의 정치권력들이기 때문에 조공책봉관계에는 자연 정치적 관계의 양상들이 다수 나타나고 있다. - 전형적인 조공책봉관계: 年號·皇曆의 채용, 내정간섭, 인질, 통혼 등 - 准조공책봉관계: 境界 및 越境 등에 관한 문제
경 제	경제적 의미에는 주로 공물과 사물의 품목과 수량·가치·운송, 그리고 상인의 왕래·활동·거래품과 수량 등 각종 교역과 관련된 여러 문제 등 요소가 포함된다. - 전형적인 조공책봉관계: 貢物과 回賜 - 准조공책봉관계: 교역

---

25) 여기에서는 편의상 본고에서 다룰 조청 외교관계와의 맥락관계를 감안하여 고대로부터 전근대에 이르기까지의 동아시아 국제질서를 조공책봉 외교체제라고 지칭한다. 그 밖에 엄격히 말해, 동아시아 국제질서라 하면 조공책봉체제라기보다 事大交隣체제라고 불러야 할 것이다. 즉 중국과 주변국 사이의 조공과 책봉을 매개로 하는 事大字小제제 외에도 이를 전제로 중국을 제외한(조선, 일본 등 국가들을 포함하여) 피책봉국 상호 간에 이루어지는 교린체제도 있기 때문이다. 이와 관한 내용은 손승철, 『朝鮮時代 韓日關係史硏究』(지성의 샘, 1994)의 제1장 동아시아 국제질서와 교린체제 부분을 참조.

26) 박원호, 앞의 논문, 2007, 41쪽.

27) 전해종, 「中國과 韓國」, 『한중관계사 연구』, 일조각, 1970, 15쪽, 전해종, 「韓中 朝貢關係 槪觀」, 앞의 책, 1970, 30-34쪽 참조.

문화	각종 사상·학술·종교·문물(제도)·技藝·人的往來 등 문화교류 제반에 걸친 양상이 이에 속한다. 그러나 교류라고는 하지만 사실은 거의가 중국에 의한 일방적인 것이었다. 이는 당시 중국이 문화적으로 선진적 위치에 있었던 점을 감안하면 당연한 현상일 것이다. 방법은 선진 문물을 수용하는 입장에 있었던 주변제국이 請求하였고 이에 중국에 賜與하는 형식을 취하였다. - 전형적인 조공책봉관계: 조공사행에 의한 문화교류 - 准조공책봉관계: 사상·종교·문화·技藝
군사	請兵 또는 援兵의 파견을 말하며, 종주국과 조공국 양측 요청을 포함한다. - 전형적인 조공책봉관계: 상호 請兵 및 出兵
의례	조공책봉관계에는 이념적이고 형식적인 요소가 많은데 이는 주로 의례적인 양상으로 나타난다. 封典·告哀·進賀·陳慰·賜除 등이 그러하다. - 전형적인 조공책봉관계: 封典을 비롯하여 양국 간의 의례적·형식적인 관계

위의 표를 통하여 조공책봉관계를 정치·경제·문화·군사·의례적 등 영역별로 구분하며, 또한 그것을 특징별로 크게 전형적인 조공책봉관계, 准조공책봉관계로 분류할 수 있음을 알 수 있다.[28] 아울러 조공책봉관계의 변화과정에 초점을 맞추어 한중관계사의 시기별 특징을 아래의 표와 같이 나눌 수 있다.

〈표 2〉 한중 조공책봉관계 변화 시기구분[29]

한중관계사 시기구분		
조공책봉관계 변화 시기	양국관계 구체적 시기	연대
초기 조공책봉관계 성립	삼국시대 후반기와 위진남북조와의 관계	317 - 668
조공책봉관계 발전	통일신라 및 고려와 당·송과의 관계	669 - 1279
조공책봉관계 변질	고려와 요·금·원과의 관계	918 - 1368
전형적인 조공책봉관계 성립 및 발전	고려·조선과 명·청과의 관계	1368 - 1849

이로부터 한중 양국의 조공책봉관계가 삼국시대 후반기에 성립

---

28) 이 밖에도 전해종은 광의에서 말하는 전형적·準조공(책봉)관계 외에 非조공(책봉)관계를 더 추가하여 설정하였다. 여기에서 가리키는 非朝貢關係란 兩國의 敵對關係, 朝貢關係 이외의 平和的인 交易·來往을 말한다(「韓中 朝貢關係 槪觀」, 앞의 책, 1970, 30쪽).

29) 전해종, 앞의 논문, 1970, 26 - 58쪽, 박원호, 앞의 논문, 2007, 48쪽 참조.

되어 일련의 변화과정을 거쳐 마지막 단계인 고려·조선과 명·청에 이르러 '전형적인 조공책봉관계'에 도달하게 됨을 알 수 있다.

다만 한 가지 의문스러운 점은, 전해종의 연구에 따른 상술한 두 도표를 결합해 볼 때 전형적인 조공책봉관계의 정치적 요소 중의 조공국에 대한 적극적인 내정간섭, 인질 압류라는 점이 역시 전형적 조공책봉관계 시기로 해당되는 조선과 명·청과의 관계에서 나타나는 정치적 특징, 즉 내정외교에 대한 간섭이 거의 없이 형식적이고 의례적이었다는 실질양상과 상호 잘 부합되지 않는다는 것이다. 따라서 전형적인 조공책봉관계를 구성하는 정치적 요소에 대해 재고할 필요가 있겠다.

한편으로 장기간 지속되어 온 한중 간의 조공책봉관계가 시대에 따라 전개되는 이러한 다양한 양상의 차이는 양국 간의 지배집단의 구체적인 상황, 국력 특히 군사력의 우열에 따라 좌우되었다고 볼 수 있겠다. 물론 한국 측 국가보다 중국 측 국가의 존재양상이 한중관계에 더욱 큰 영향을 미쳤을 것이다. 이를테면, "중국의 亂이 제후에게는 복인 것이다!"[30]라는 말이 뜻하는 바와 같이, 중국이 분열시대인가 통일국가인가가 한중관계의 양상을 규정하는 중요한 요소가 되었다고 볼 수 있겠다.[31] 후술하겠지만, 이러한 특징은 조청 조공책봉관계의 성립과정에서도 집중적으로 나타났다고 할 수 있겠다.

그 밖에 시기구분에 있어서 후기에 이르러 조공책봉관계의 시기를 세분화한다고 할 때, 조선과 명·청과의 관계를 전형적인 조공

---

30) 『고려사』 世家 권44 공민왕 22년 7월 계축. "中國之亂, 諸侯之福也!"
31) 박원호, 앞의 논문, 2007, 50쪽.

책봉관계 시기로 일관되게 볼 수 없다는 점에도 주목할 필요가 있다. 왜냐하면, 조선과 청의 조공책봉관계는 그 성립 이전부터 붕괴까지 시기별로 다양하고도 풍부한 양상을 보였기 때문이다.

그리고 앞에서도 잠깐 언급하였지만, 조공책봉관계의 다른 한 기본특징, 즉 고대로부터 전근대에 이르기까지 중국과 한국의 역대 국가들을 비롯하여 종주국과 번속국 간에는 서로 책봉과 조공의 예를 교환하되 내정과 외교에 대해서는 거의 간섭하지 않았다는 점에도 역시 주목할 필요가 있다.

구체적으로 보면, 전통시대에는 국가의 주권이 군주에게 귀속되어 있었기 때문에, 군주와 군주 간의 조공책봉관계는 그 국가와 국가의 관계까지 규정하였다. 따라서 종주국과 번속국 간의 관계는 양국 군주의 君臣關係에 상응한 '宗屬關係'를 형성한다. 엄격히 말한다면, '조공책봉관계'는 군주 대 군주의 관계를 가리키는 말이고 '종속관계'는 국가 대 국가의 관계를 가리키는 말이지만, 국가의 주권이 군주에게 귀속되어 있었던 전통시대의 '조공책봉관계'는 '종속관계'와 같은 역사적 실체를 가리키는 다른 표현이 될 수 있다.[32] 이 점 역시 기존에 이르기까지 학계에서 조공책봉관계와 종속관계를 명확히 구분하지 않고 혼용해 불러온 요인이 되겠다.

그러나 분명한 것은, 宗屬關係[33]가 곧 從屬關係[34]를 의미하지

---

32) 김한규, 『한중관계사』 II, 아르케, 1999, 26 - 27쪽.

33) 최초의 宗屬이라는 용어는 『史記, 太史公自序』에 등장하고 그 의미는 '종실의 구성원'을 뜻함을 알 수 있다("惠 · 景之間, 維仲功臣宗屬爵邑, 作惠景間侯者年表第七")(檀國大學校 東洋學硏究所, 『漢韓大辭典』 권4, 檀國大學校出版部, 2000, 263쪽 참조).

34) 從屬이란 용어의 직접적인 뜻은 "주되는 것에 딸려 붙음"인데, 흔히 從屬關係, 從屬國과 연계해 표현하는 경우가 많다. 여기에서 말하는 從屬國이란 법적으로는 독립국이나, 정치 · 경제 · 군사 면에서 실제로는 다른 나라에 의해 지배되는 나라: 宗主國의 국내법에 의거하여 처리되는 국가를 가리킨다. 흔히 附屬國, 屬國의 의미로 쓰인다(李熙昇, 『국어대사전』

는 않는다는 것이다. 왜냐하면 宗屬關係는 차등적이나 독립적인 국가 간에 성립된 외교관계이기 때문이다. 다시 말해 조공책봉관계는 윤리적·도덕적 기반을 지니고 있는, 즉 '문화적 차등관계'라고 할 수 있다.

따라서 본서에서는 국제사회의 구조를 동아시아와 서양 국제사회로 나누고 다시 의무, 수단 등의 차원에서 문화주도형과 정치주도형으로 나눠 각 유형별 특징을 비교하여 살펴보고자 한다.

〈표 3〉 동아시아와 서양 국제사회의 구성유형 비교

	동아시아	서양
기본표현형태	문화주도형 – 차등관계	정치주도형 – 차등관계
종속관계의 실질 여부	형식상의 종속관계 (조공책봉관계)	실질적인 종속관계 (식민지관계)
상호 의무형태	쌍무적, 互助的	일방적, 강제적
주요 수단	도덕적 권위	물리적 힘

위의 표로부터 알 수 있듯이, 전근대에 이르기까지의 동아시아 국제사회(유교사회)에서의 종속관계가 문화주도형 – 차등관계라고 한다면 근대적 의미에서 말하는 서양 국제사회 속의 종속관계는 정치주도형 – 차등관계라고 할 수 있겠다. 여기에서 문화주도형과 정치주도형을 명확히 구분하기 어렵고 때로는 혼용되기도 하나, 상대적으로 전자가 예나 인륜, 도덕 또는 권위의 측면을 중요시하는 데 반하여 후자는 정치·경제·군사 등 비문화적 차원, 예컨대 물리적 힘을 우선시하는 경우라고 보겠다. 이러한 특성으로 말미암아 동아시아의 종속관계는 서구사회의 종속관계와는 실질적인 차이가

(수정판 제10쇄), 民衆書林, 2007, 3482쪽 참조).

있다.

그리고 조공국의 의무는 서구사회에서와 같은 계약에 의한 법적 의무가 아니라, 주로 유교 규범·관습 등에 따르는 윤리적·도덕적인 것이었다. 뿐만 아니라 양측의 의무는 어느 한쪽만이 부담하는 일방적·강제적인 것이 아니고, 유교규범이 그러하듯이 양쪽 모두 의무를 갖는 쌍무적·互助적인 것이었다.[35]

서구 국가들이 팽창적 대외정책을 당연시하고 적극적으로 추구한 데 비해 중국의 경우 현상유지를 바탕으로 조공국에 대해 경제적 약탈이나 정치적 지배 또는 문화적 침투 등을 적극 추구하지 않았다.[36] 서구열강이 군사력 위주였다고 한다면, 중국은 덕화와 무력을 적절히 조화시켜 사용하되 상대적으로 덕·권위를 우선시하였다.[37]

요컨대 본래 조공책봉관계는 그 기원부터 직접적인 통치·지배를 목적으로 한 제도가 아니었으며, 대외관계에서 적용되는 경우 중국 내부에서보다 훨씬 더 완화되었다. 따라서 조공국이 기본적 의무만 이행하는 한, 국내문제에 전혀 간여하지 않았다. 이 점은 무엇보다 책봉과정에서 별다른 간섭이 없이 조공국 요청을 그대로 사후 승인하는 형태로 일관하였다는 점에서도 찾아볼 수 있다. 그뿐만 아니라 중국은 조공국에 대하여 총독을 파견하거나 세금 부

---

35) 그 밖에 조공국과 피책봉국 간의 구체적인 의무에 관해서는 본고 중의 〈표 1〉 및 宋慧娟, 앞의 책, 2007, 6－10쪽 참조.

36) 즉 역대 중국의 외교전통은 분쟁의 사전예방, 현상유지 및 변방의 안정 확보에 주안점을 두었다.

37) 예를 들어, 조공국이 중국의 海禁을 위반하더라도 대체로 이를 관대하게 처리하였다. 심지어 왜구의 침략이 심했던 明 成祖 때에 "刑으로 다스림이 德으로 懷撫함만 못 하다."고 하며 북경까지 압송된 왜구 수십 명을 되돌려 보낸 일도 있었다(『明史』 권322 外國列傳3 日本).

과, 중국 법령의 적용 또는 관리 임명 등의 행위도 일반적으로 없었다.[38]

이러한 특징들 역시 조공책봉관계가 고대로부터 전근대에 이르기까지 장기적으로 유지될 수 있었던 내재적 원인이라고 할 수 있겠다. 물론 조선을 비롯한 주변 번속국의 외교 자주성도 간과해서는 안 되는 것이다.

이 밖에 조공책봉제도를 명청시대의 해금정책과 결합시켜 살펴볼 필요가 있다. 중국과 주변민족 사이에는 조공책봉관계만이 아니고 내등관세, 사석인 개인관계 등 비소공관계도 손재하여 왔다. 그러나 명이 폐쇄적인 대외정책을 취하게 됨에 따라 조공책봉관계만이 거의 유일한 접촉수단이 되었다고 하겠다. 명이 해금정책을 강행한 연유는 海寇와 倭寇가 날뛰는 것을 방지하는 데도 있었지만, 또 다른 동기는 명이 지니고 있던 세계 구조관에도 기인한 것이다. 즉 명 주변의 접촉할 수 있는 모든 외국이 오직 조공을 통해서만 중국과 접촉할 수 있는 기회를 마련했는데, 이것은 명 정부가 무역 독점을 통하여 경제적 통제를 하려는 욕구와도 합치되는 것이다. 따라서 외국으로서는 명에 대하여 번속국의 지위를 감수하고 조공을 바치는 형식을 취함으로써만 무역이 가능하였다.[39]

그뿐 아니라 명대에 들어서면서 조공책봉관계에 관한 구체적이고도 세부적인 규정을 만들고 이를 조공국에 대하여 이행하도록 요구하였다.[40] 청대에 이르러서는 명대보다 關禁·海禁정책이 더

---

38) 유제령, 「조공책봉관계의 시대적 변천을 통해서 본 한중관계사의 이해」, 동국대학교 교육대학원 석사학위논문, 2007, 20 - 28쪽 참조.

39) 최소자, 앞의 책, 1997, 16 - 17쪽.

40) 명대의 엄격한 關禁·海禁政策에 대해서는 『大明會典』 권167(刑部 9, 律例 8, 兵津

욱 엄해져 가는 것을 알 수 있다.[41) 바꾸어 말해, 청대에 이르러 조공책봉제도가 가장 전형적이었다는 점이 역시 청대의 해금정책이 가장 엄했던 것과 직접적인 관련이 있음을 강조하고자 한다.

이 외에도 해금정책이 중국 왕조의 전유물이 아니었다는 점에도 주목할 필요성이 있겠다. 즉 동아시아 세계에 있어서 명이 해금정책을 실시하는 시기에 조선, 일본도 그에 대등한 쇄국정책을 시행하고 있었다는 점이다.[42) 이러한 차원에서의 '해금'이란 "국가영역 내의 주민이 사적인 해외도항이나 해상무역을 극도로 금지하는 것을 중심으로 한 정책의 체계"라고 볼 수 있겠다.[43) 후술하겠지만, 한편으로 이러한 소위 동아시아의 쇄국체제는 19세기 중엽에 이르러 西勢東漸의 물결에 따라 서서히 무너지기 시작하였다.

2. 女眞을 둘러싼 朝·明관계

상술하다시피 고대 한국과 중국 간의 전통적인 외교관계는 형식

---

2)에 잘 나와 있다. 그중에서도 '私出外境及違禁下海'라는 대목에 "凡將馬牛軍需鐵貨銅錢段疋紬絹絲綿私出外境貨賣 及下海者 杖一百 …… 若將人口軍器出境 及下海者絞 因而走泄事情者斬"라는 내용이 있다.

41) 대표적인 예로, 『大淸會典』 권39 「頒其禁令」 대목에 이러한 내용이 나와 있다. "近邊各國 不得越境漁採 及私關田廬 隱匿逋逃 內地人民不得私渡沿邊關塞 交通外境 及以海上貿易漁採爲名 販賣違禁貨物 公使及夷商等 不得收買兵器史書一統志地理圖及焰硝牛角綢緞錦絹絲斤等物 及携帶內地人口 港運造船大木釘鐵油蘇米穀出境 伴送人員 亦不得將例禁之物 私相貿易 各國公使入境 水陸俱遵定制 不得越行別道……"

42) 田中健夫, 『中世對外關係史』, 東京大學出版會, 1975, 271쪽 참조.

43) 荒野泰典, 『近世日本と東アジア』, 東京大學出版會, 1988, 序 「鎖國」論から「海禁·華夷秩序」論へ, 4쪽 참조.

상 조공책봉제도에 의해 건립·전개되었다. 한편으로 이러한 내용을 토대로 朝·明관계를 고찰하기에 앞서 먼저 한중 양국의 외교관계에 있어서의 그 실질적인 내용인 事大字小關係를 살펴볼 필요가 있다.

'事大字小'는 西周時代 중국을 구성한 제국 가운데 약소국과 강대국 사이에 성립되었던 소위 "큰 것이 작은 것을 돌보고 작은 것이 큰 것을 섬기는"[44] 관계를 가리키는 말이다. 이러한 '事大字小'를 토대로 하는 국제관계는 春秋戰國時代에 이르러 事大交隣이라는 용어와 결합되어 表現된다. '사대교린'이란 『孟子』에서 처음 나오는 말이다.

> 齊宣王이 이웃 나라와의 교린의 도를 묻기를, "이웃나라와 사귀는데 방법이 있는가?"
> 이에 맹자가 답하기를, "있다. 오직 仁者라야 큰 나라로서 작은 나라를 섬길 수 있으며 ……오직 智者라야 능히 작은 나라로서 큰 나라를 섬길 수 있다. ……큰 나라로서 작은 나라를 섬기는 자는 하늘의 이치를 즐거워하는 자이고, 작은 나라로서 큰 나라를 섬기는 사람은 하늘의 이치를 두려워하는 사람이다. 하늘의 이치를 즐거워하는 자는 천하를 보전하고, 하늘의 이치를 두려워하는 자는 그 나라를 보전할 수 있다."[45]

여기에서 맹자는 원래 교린의 도를 '仁者의 字小'와 '智者의 事大'로 나누었다는 것을 확인할 수 있다. 즉 사대자소란 대소국 간

---

44) 『左傳』昭公 30年傳, 春秋左傳正義, "小事大 大字小之謂 ……字小恤其小無"
45) 『孟子』 梁惠王 下, "齊宣王曰 交隣國有道乎 孟子對曰 有 唯仁者爲能以大事小 ……唯智者爲 能以小事大 ……以大事小者樂天者也 以小事大者經畏天者也 樂天者保天下 畏天者保其國……"

의 힘의 불균형을 조절하는 상호 공존의 외교규범임을 알 수 있다.

전통시대 한국과 중국은 서로 책봉과 조공이라는 예의를 교환함으로써 상호관계를 종속관계로 규정하였으나, 실제에 있어서는 상대방의 내정과 외교에 간섭하지 않음으로써 양국의 외교적 관계는 거의 지속적으로 조공책봉체제에 기초한 사대자소관계의 성격을 유지해 왔다고 볼 수 있겠다. 즉 고려 말 이래 명에 대한 조공을 통한 사대외교는 소위 "小로써 大를 섬김은 保國의 道로서 우리나라는 삼국통일 이후 大를 섬기기를 부지런히 힘써 왔다."[46)는 말과 같이 유교적 가치로 합리화되었다고 할 수 있겠다.

조선왕조 역시 명에 대하여 조공과 책봉을 핵심으로 하는 사대자소관계를 유지하였는데, 이러한 조공책봉관계는 명분상으로 상하 차등적인 군신관계였으나 동시에 사대자소라는 유교의 禮 규범에 따라 인식·운영되었다.[47) 따라서 조선왕조의 대외정책 역시 '事大交隣'이란 말로 압축하여 표현할 수 있다. 즉 명에 대하여 誠으로써 사대외교를, 일본과 女眞 등에 대하여는 信으로써 교린외교를 펴 나간다는 것이 조선의 사대교린정책이다.[48)

이러한 내용을 토대로 이어서 여진을 둘러싼 조선과 명과의 외교관계를 살펴보도록 하자.

조선왕조가 수립된 해는 明 太祖 洪武 25년(1392)에 해당되는데, 이때는 명이 건국되어 고려와도 통교를 시작한 지 이미 4반세기가 지난 시점이었다. 따라서 조선의 대명관계는 고려 말 대명관계의

---

46) 『태조실록』 권1 總書 신우 14년.

47) 권선홍, 「조선시대 중국과의 책봉·조공관계에 대한 인식」, 『國際問題論叢』 12-13, 2002, 2쪽.

48) 박원호, 『明初朝鮮關係史硏究』, 일조각, 2002, 275-276쪽.

연장선 위에서 전개되었다고 할 수 있다.[49]

조선 건국 직후 이성계는 '權知高麗國事'의 명의로 명에 사절을 보내 조선의 건국을 알리고 그 승인을 요청하였다. 이처럼 조선이 신속하게 건국 승인을 명에 요청한 까닭은 동북아 국제질서를 장악할 명으로부터 승인과 지지를 받아 국내의 정치적 상황을 안정시키고 새로 건립한 왕조의 권위를 확립하기 위해서였다.

한편 元을 몰아내고 명을 건국한 朱元璋은 주변국들과 서둘러 조공책봉이라는 명중심의 禮的 국제질서를 수립해 갔다.[50] 또한 명 태조 집권기 및 그 이후에도 명은 수차례 海禁을 강화하고 성사 朝貢使에게 勘合符를 발급하여 점차 조공을 통한 교역으로 일원화시키는 貿易體制를 구축해 나갔다.[51]

명은 조선에서의 '易姓革命'이 이미 기정사실화되었고 조선의 건국세력이 反明親元勢力을 제거하고 親明政策을 표명하였기 때문에 조선의 건국을 즉각 승인하였다. 이성계 즉위를 보고한 문서를 받은 명 태조는 조공을 관장하는 예부에 다음과 같이 지시하였다.

> 고려는 산이 경계를 이루고 바다가 가로막아 하늘이 東夷를 만들었으므로, 우리 중국이 통치할 바는 아니다. 너희 禮部에서는 "聲敎는 자유로이 할 것이며, 과연 하늘의 뜻에 따르고 사람의 마음에 합

---

49) 박원호, 「조선 초기의 대외관계 - 명과의 관계」, 『한국사』(국사편찬위원회), 1995, 285쪽.

50) 주원장은 즉위년인 1368년(洪武 원년)부터 수차례 주변 국가들에 璽書를 가져가 조공을 재촉하였다. 다음 해인 홍무 2년부터 安南·高麗·占城, 홍무 3년 6월에는 雲南八藩·西域·西洋 등이, 8월에는 暹羅·三佛齊·渤泥 등 모두 10개 이상의 국가가 封爵을 청하였다. 이에 대해 朱元璋은 印章을 줌과 함께 각국의 수장을 王으로 책봉하였다.

51) 예를 들어, 명과 일본 사이에 조공책봉관계가 성립된 후 양국 사이에는 왜구금압을 위한 조공무역이 활발히 이루어지게 되는데, 이때 명과의 무역에 있어서 일본 측이 명으로부터 교부된 '勘合符'라는 증명서를 반드시 지참하는 것이 의무화되어 있었으므로 흔히 '勘合貿易'으로도 불렸던 것이다(박원호, 앞의 논문, 1995, 264 - 265쪽).

하여 東夷의 백성을 편안하게 하고, 변방의 釁端을 발생시키지 않는 다면, 使節이 왕래할 것이니 실로 그 나라의 복일 것이다."라고 문서로 회신하라.[52]

이로써 명은 조선의 독립과 自治를 존중하고 그 內政에 간섭하지 않을 뜻을 표시함과 동시에 우호적인 국교의 수립을 희망하였다. 또한 명은 승인을 사례하러 온 조선 사신이 귀국하는 편에 禮部의 咨文을 주어 개정된 國號를 속히 알려 달라고 요구하였다. 나중에 명은 "東夷의 호칭 가운데 오직 朝鮮이란 칭호만이 아름답고, 또 그것이 전래한 지가 오래되었으니, 그 명칭을 근본하여 본받을 것이며, 하늘을 본받아 백성을 다스려서 後嗣를 영구히 번성하게 하라."[53]고 하면서, '朝鮮'으로 정할 것을 통보하였다. 이에 따라 조선은 다시 사신을 명에 보내어 공민왕 때 받은 金璽를 돌려주고 '朝鮮國王'을 새긴 새로운 금새를 요청하였다. 이로써 朝明 양국은 정식으로 전통적 朝貢冊封關係를 수립하였다.

그러나 조선과 명이 조공책봉관계를 건립한 초기에 遼東, 특히 여진세력을 둘러싼 양국 간의 외교적 갈등은 빈번하게 발생하였다. 따라서 여진을 둘러싼 朝明 양국의 관계에 있어서 요동의 경략 및 여진인 招撫문제 등에 중점을 두고 살펴볼 필요가 있다.

사실 일찍 요동의 원나라 잔여세력인 納哈出(나하추)을 소탕하는 과정에서 명 태조는 고려와 북원의 잔여세력과의 통모 가능성을 의심하면서 고압적인 정책을 구사하며 고려를 견제해 왔다. 명 태조의 이러한 위압정책은 조선왕조에도 그대로 지속되어 명 태조가

---

52) 『태조실록』 권2 태조 원년 11월 갑신.
53) 『태조실록』 권3 태조 2년 2월 경인.

사망하는 1398년(태조 7)까지 30년간 본질적으로 변함이 없었다. 명 태조는 조선의 '聲敎自由'를 확인하며 내정에는 간섭하지 않을 의사를 분명히 하였으나, 조선의 여진유인과 요동진출에는 극도로

이러한 상황하에 명은 조선건국 초기에도 이른바 '生釁(트집) 3 個條'와 '侮慢 2個條'를 내걸고 조선 사신의 입국을 거절하는 등, 외교적 압력을 조선에 가하였다.[54] 이에 대해 조선은 조선으로 도 망해 온 여진인과 요동으로부터 도망해 온 原朝鮮人들을 몇 차례 송환함으로써 명과의 외교적 갈등을 원만하게 해결하려 하였다. 또 한 명 측의 요구대로 만여 필의 말을 자례로 명에 판매하는 한편, 太祖의 제5자 李芳遠(후의 태종)을 보내어 懸案을 해명하게 하였 다. 그러나 명은 여기에 그치지 않고, 1395년에는 명에 발송한 조 선의 3건 외교문서(表箋)에 불경한 어귀가 들어 있다고 트집을 잡 아 조선 사신을 억류하였을 뿐만 아니라, 문서의 작성자인 조선의 대신 鄭道傳 등을 명으로 압송할 것을 요구하였다.[55]

이 밖에 명 태조는 이미 고려 공민왕 21년(1372)에 三年一使, 즉 3년에 한 번씩만 사신을 파견할 것과 聖節과 千秋節의 表箋을 면 제할 것을 제의하였다. 이는 고려에만 국한된 것이 아니라 安南과 暹羅 등 동남 제국에도 이와 같은 내용을 제의하였다. 이후 명 태 조는 신흥 조선에 대해서도 "사신의 행차가 왕래하는데 길이 멀어

---

54) 『태조실록』 권3 태조 2년 5월 정묘.
    '생흔 3개조'란 兩浙의 불량자가 중국 소식을 조선에 전하였기 때문에 이미 수십 명을 살해 하였다는 것과, 조선이 금전과 비단으로 요동의 邊將을 매수하였다는 것, 요동의 女眞人들 을 조선이 유인하여 그 가족 500여 명을 압록강 이남으로 데려갔다는 것 등을 가리킨다. '모만 2개조'는 조선이 입으로는 朝貢한다 하면서 항상 적고 쓸모없는 말을 보내어 온다는 것, 國號를 개정해 주었는데도 아무런 소식이 없다는 것 등을 말한다.
55) 『태조실록』 권9 태조 5년 2월 정유.

서 비용이 많이 드니, 지금부터는 3년 만에 한 번 조회할 것(三年一貢)"을 요구하였다.[56] 이에 대해 조선은 예와 같이 1年3使, 즉 정월 초하루를 경하하는 賀正使와 황제의 생일을 축하하는 聖節使, 황태자의 생일을 축하하는 千秋(節)使를 매년 보낼 수 있도록 요청하였지만, 명 측의 거부로 인해 朝明 간의 외교가 한때 중단되기도 하였다.[57]

그러나 1398년 조선에 강압적인 태도를 지켜 왔던 명 태조의 사망, 조선에서는 요동정벌을 주도하던 정도전·南誾 등 세력의 몰락, 1403년 명 성조의 즉위 등의 정치적 상황에 편승하여 조선은 당시의 외교적 관례를 무시한 1年3使를 승인받고, 誥命印信을 요청하여 받음으로써 이후 200여 년간 유지될 양국의 조공책봉관계가 다시 정상궤도에 오르게 되었다.[58]

예를 들어, 사절파견문제에 있어서 1400년(정종 2)에 조선은 성절사와 하정사를 같은 해에 거듭 파견함으로써 조선의 오랜 소망이었던 1年3使 문제가 해결되었다. 사절파견 규정에 있어서 각국의 상황을 비교하면, 琉球는 2年마다 1貢하도록 규정되었고 安南과 暹羅는 3年1貢, 일본은 10年1貢이 규정되었으니,[59] 조선의 1年3貢이 얼마나 특수한 경우인가를 짐작하기 어렵지 않다. 명이 조선과의 관계를 얼마나 중시하였는가는 조선 사신에 대한 예우를 통해서도 알 수 있다.

---

56) 『태조실록』 권4 태조 2년 9월 갑진, 『明史』 권320 列傳208 外國1 朝鮮傳.
57) 조선건국 초기 조·명 간의 외교적 갈등에 대해서는 高錫元, 「麗末鮮初의 對明外交」, 『白山學報』 23, 1977; 박원호, 앞의 논문. 1995 참조.
58) 박원호, 앞의 논문. 1995, 308-320쪽, 김한규, 앞의 책. 1999, 571-590쪽 참조.
59) 『大明會典』 권105 禮部63 朝貢1.

"正德 4년 겨울에 (일본이) 來貢하였다. 禮官이 이르기를, 명년 정월 大祀慶成宴에서 朝鮮의 陪臣은 殿東 第7班에 위치하지만, 일본은 例가 없으니 殿西의 第7班에 위치하도록 청한다고 하였다. 이를 따랐다."[60]

위의 기사에서 볼 수 있듯이, 명은 조선 사신의 반열을 일본 사신의 그것보다 높게 배정하였다. 즉 이는 명이 조선과의 관계를 일본과의 관계보다 더 중시하였음을 의미한다.

이로써 조선은 명과의 조공책봉관계를 유지함으로써 안보외교, 경제·통상외교, 문화외교를 활발히게 추진할 수 있있다. 조신은 명과의 깊은 유대관계를 맺음으로써 내적인 체제의 정통성과 외적인 안전보장체제를 확립하고자 했다. 그리고 조선은 명과의 관계를 통하여 공적·사적인 무역도 추진하였다. 조선의 공적인 조공물에 대해 명은 그에 상응한 회사품을 주었고, 또 조선이 바친 貢馬에 대해서는 그 값을 치르기도 했다.[61]

명과의 관계에 있어서 조선은 특히 문화외교에 역점을 두었다. 조선은 사행을 통해 정기적으로 명의 서적들을 구입하였고, 또 명의 학자들과 부단한 교류 접촉을 시도하였다. 이러한 적극적인 조선의 문화외교는 조선도 유교적 문화 국가로서 명과 같이 화(華)에 속한다는 것을 강조한 것이었다.[62] 바꾸어 말해, 그것은 조선은 오랑캐가 아니니 예로써 정중하게 대해야 한다는 의미로도 되었다. 이로써 명과의 문화적 동등 수준을 전제로 조선과 명의 사대자소

---

60) 『明史』 권322 列傳210 外國3 日本傳.
61) 『明史』 권320 列傳208 外國1 朝鮮傳. "(明 宣德)五年 十二月, (朝鮮)貢馬三千匹至遼東. 命戶部運絹布萬五千匹償之"
62) 姜在彦, 『朝鮮の開化思想』, 東京: 岩波書店, 1980. 34 - 36쪽.

의 관계가 가능해지고,[63] 또 조선과 일본, 여진 등의 주변국 혹은 주변세력들과의 차별화도 가능하게 되었다.

한편으로, 조선에서 보통 野人으로 부르는 女眞은 長白山과 黑龍江 사이를 터전으로 하는 수렵민족으로서, 거주 지역에 따라 장백산 일대의 建州女眞, 송화강 유역의 海西女眞, 흑룡강 유역의 野人(東海)女眞으로 구분되었다. 여진이 15세기에는 아직 국가를 형성하지 못한 채 半農・半狩獵의 상태에 있었고 식량・의류 같은 생활필수품이나 농기구 같은 생산도구가 결핍하였다. 따라서 여진은 말, 모피, 인삼 등을 가지고 중국, 조선 등 주변 지역과의 朝貢 또는 교역을 통해 경제적 욕구를 충족시켜야만 했고, 자연재해・전란 등으로 인한 경제적 위기 시에는 약탈도 서슴지 않았다.[64]

한마디로 여진은 누르하치에 의해 통일되기 전까지는 요동에 부족 단위로 흩어져 살면서 경제・문화적인 면에서 명이나 조선에 비해 크게 뒤져 있었다. 동시에 이러한 상황은 궁극적으로 朝明 양국 간에 여진인의 招撫를 둘러싼 외교적 갈등이 불가피하게 지속적으로 이어지게 하였다.

명에 있어서 명 태조 때의 북방정책은 몽고 대책을 비롯한 국내외적인 문제에 급급하여 요동의 여진에 대해 초무할 여유가 없었다. 여진에 대한 초무는 명 성조 대에 이르러서야 본격적으로 진행되었다. 명 성조가 여진을 적극적으로 경략하는 데는 주로 동쪽에서 몽고의 세력을 견제할 목적에서였다. 이 시기 遼東都司(遼東都

---

63) 최동희, 「조선과 청의 조공관계 연구」, 『한국정치외교사논총』 24, 2002, 2 - 3쪽 참조.
64) 박원호, 「조선 초기의 대외관계 - 15세기 동아시아 정세」, 『한국사』 22(국사편찬위원회), 1995, 283 - 284쪽 참조.

指揮使司)를 기반으로 명이 요동의 여진에 대한 경략은 대체로 두 가지 방향으로 진행되었다. 하나는 북으로 올라가 海西에서 흑룡강 유역에 이르는 여진 각 부를 초무하는 것이고, 다른 하나는 동남방 향으로 나아가 압록강·두만강 유역의 여진을 초무하는 것이었다.[65]

여진에 대한 명의 초무정책은 『大明一統志』에서 찾아볼 수 있다.

> "그 部族에 의거하여 그 추장을 都督, 都指揮, 指揮, 千百戶, 鎭撫 등의 職에 임명하고 印信을 급여하여, 각각 舊俗을 따라 무리를 통할하면서 때에 맞추어 朝貢케 하였다."[66]

즉 명은 입조해 오는 기존의 여진부족에 衛所를 설치하고 그 부족장에게 都督, 都指揮 등의 직명을 부여하였다. 이러한 명의 초무에 따라 1403년에 兀良哈(오랑캐)의 阿哈出(於虛出)이 입조하자 명은 建州衛軍民指揮使司를 설치하고 그를 指揮使로 임명하였다. 이를 계기로 수많은 여진 추장들이 명에 입조하여 도독, 도지휘, 지휘, 천호, 백호, 진무 등의 관으로 임명받는 勅書와 印記를 수여받음과 동시에 衛所가 개설됨으로써, 명과 여진 각 衛 사이에는 형식적으로는 君臣關係가 성립되었다. 그러나 여신지역에 설치된 衛所는 명의 五軍都督府에 소속된 위소와는 그 성격이 근본적으로 달랐고 명이 여진 내부의 합작을 방해하고 분리를 획책하려는 羈縻[67]정책의 산물이었을 뿐이기 때문에 '羈縻衛所'라 불렸다.

---

65) 박원호, 앞의 논문, 1995, 249-262쪽 참조.

66) 『大明一統志』 권89 女眞條.

67) '羈縻'란 본래 '말의 굴레'와 '소의 고삐'를 가리키는 말이다. 중국에서 한대 이후 주변의 이민족에 대한 대외방침으로 적용된 기미정책의 핵심은 견제하되 관계를 끊지는 않는다는 것이다(김한규, 「漢代의 天下思想과 '羈縻之義'」, 『中國의 天下思想』, 민음사, 1988, 80-83쪽).

위소의 설치와 동시에 印信(衛印)과 勅道(사령장)를 받은 여진의 추장들은 그들 고유의 질서와 권위를 그대로 유지하면서 부족을 통솔하였다. 조공에 따른 回賜와 貢市의 이익을 얻을 수 있기 때문에 여진에게 조공은 오히려 권리의 일종으로 간주되었다. 여진부족장들은 지휘사 등의 직을 자동적으로 세습함으로써 조공이라는 권리도 세습하였다.[68]

이 밖에도 조공을 바친 여진인은 京師의 시가에서 자유로이 私貿易을 행하여 생필품을 구매할 수 있었다. 그러나 명조는 1439년에 北京에서의 市街交易을 금하고 조공의 인원과 횟수, 貢期 등에도 제한을 가하는 대신,[69] 선후로 開元互市, 撫順馬市를 열어 建州女眞을 회유하였다. 萬曆 연간에도 馬市는 더욱 늘어나 淸河와 靉陽에도 증치되어, 여진의 경제적 욕구를 충족시켜 주었다.

이로부터 알 수 있듯이 朝貢이란 여진 측에서 보면, 정치활동임과 동시에 일종의 경제활동이었던 것으로서 요동 변방에 개설한 馬市에서의 무역도 衛所官의 칙서를 가진 자에게만 허락하였기 때문에 여진추장들은 칙서를 획득하기 위해 쉽게 명에 귀속하였던 것이다.[70]

다른 한편으로, 조선 역시 上京入朝 규정을 마련하여 입조하는 여진부족장에게 관직과 回賜 등을 줌으로써 여진의 초유문제를 에워싸고 朝·明 사이에 복잡한 삼각 외교관계가 전개되었다.

---

68) 명에 대한 여진의 조공 성격에 대하여 한중 양국 학계에는 서로 엇갈린 견해가 있다. 즉 중국 측에서 여진의 조공을 納稅의 일종으로 이해하고 있는 반면, 한국 측에서는 回賜를 반대급부로 전제한 이러한 조공은 무조건적 의무인 納稅와는 전혀 성격이 다르고, 貿易의 한 형식이라고 간주하고 있다(김한규, 앞의 책, 1999, 592 - 594쪽 참조).

69) 『明史』권327 列傳215 外國8.

70) 조영록, 「入關前 明鮮時代의 滿洲女眞史」, 『白山學報』22, 1977, 46 - 47쪽.

조선은 일찍이 1404년(태종 4)에 후일 청의 직계조상인 童猛哥帖木兒와 그 從者가 입조하였을 때 上護軍, 大護軍, 護軍, 司直, 副司直, 司正 등의 관직을 준 적이 있다.[71] 관직수여는 특히 세종 대에 이르러 본격화되었다.[72]

그리고 세종 대에 이르러 많은 여진인이 上京을 희망하여 1444년(세종 26)에는 여진 각 부의 상경자 行數와 人數를 구체적으로 정하였다. 유관 규정은 의정부에서 예조의 정문에 의거하여 올리는 글에 상세히 나와 있다.

"여러 종족의 야인이 매년 왕래가 頻數하여 驛路가 피폐한데, …… 매년 입조하는 수를 정하여, 兀良哈은 열 번 오게 하고, 骨看(骨看兀狄哈)과 吾都里는 일곱 번 오게 하되, 매 행에 酋長이면 正官 하나, 伴人 넷으로 하고, 그 나머지는 正官 하나, 반인 둘로 하여 恒式으로 삼고, 한 사람이 매년 상래하지 말고 드물고 잦은 것을 헤아려 만 3년이 되기를 기다려서 윤번으로 올려 보내게 하소서. ……忽剌溫(忽剌溫兀狄哈)은 ……1년에 내조하는 것을 다섯 행보에 지나지 못하게 하고, 변경에 가까이 사는 임아거(林阿車)·우미거(亏未車)·대소거절(大小居節)·남납(南納)·고열(高說)·고칠(高漆) 등 여러 종족의 우지개(亏知介)가 입조하는 자는 1년에 두 번 오는 데에 지나지 못하게 하되, 정관과 빈인의 수는 위와 같이 하고 ……그 많고 적은 것을 헤아려서 반드시 농사 틈을 타서 運을 나누어 올려 보내게 하소서."[73]

---

71) 『태종실록』 권7 태종 4년 3월 갑인.

72) 『실록』에 의하면, 1395년부터 1554년까지 女眞 受職者는 모두 675명으로 副萬戶를 받은 이가 218명으로 가장 많고, 그 다음이 萬戶로 80명, 副司正 61명, 都萬戶 57명, 護軍 35명, 司正 33명, 司直 27명, 上護軍 19명, 副司直 16명, 大護軍 15명, 中樞院職이 모두 15명이었고, 이 외에도 副司直, 兼司僕, 嘉善, 資憲 등을 받은 이가 각 10명 이내였다(劉鳳榮, 「王朝實錄에 나타난 李朝前期의 野人」, 『白山學報』 14, 1973, 93쪽).

73) 『세종실록』 권110 세종 27년 11월 임신.

이로부터 알 수 있듯이, 조선은 兀良哈·吾都里 등의 주요 여진 부족과 변경의 작은 부족들을 구별하여 상경 행수를 정하고 혼잡한 경우를 대비하여 상경 시기도 따로 특별히 규정하였음을 알 수 있다.

상경된 여진인은 野人館(후에 北平館으로 개칭됨)에 監護되었다. 그리하여 정월에 상경 여진인의 朝賀와 方物 貢獻이 끝나면 賜宴과 饋餉 및 回賜가 이루어졌다. 조선의 回賜 역시 명의 그것과 같이, 여진인의 獻馬에 대해 綿布 등으로 되갚는 일종의 무역행위였다. 그리고 명과 마찬가지로 조선도 例賜 혹은 賞賜라 하여 상경 여진인 전원에게 爵秩의 고하와 부족의 강약에 따라 의복과 잡물을 사급하였다. 賞賜 외에도 특히 遠方에서 입조하거나 특별한 공적이 있는 여진인에게 특별 賜給이 지급되었다.

조선이 초무한 여진 부족은 주로 吾都里, 兀良哈, 兀狄哈(우디케), 토착여진 등으로서 조선과 가장 관계가 깊은 것은 吾都里였다.[74] 여진에 대한 대우 등급을 살펴보면, 우선 태조의 조회식에 "琉球國의 사신과 兀良哈의 사람들이 참예하였는데, 유구국의 사신은 東班 5품의 아래에 자리를 잡았고, 兀良哈은 西班 4품의 아래에 자리를 잡았고, 그 從者들은 6품의 아래에 자리를 잡았다."[75]고 정해져 있다. 그리고 1446년(세종 28)에 이르러 입조한 여진에 대한 賞賜를 등급별로 제도화하였다. 구체적인 규정을 보면,

……都萬戶·都指揮 이상을 1등으로 삼고, 上護軍·大護軍·護

---

74) 『태조실록』 권2, 태조 원년 12월 경인: 『태조실록』 권7 태조 4년 2월 신미 참조.
75) 『태조실록』 권2 태조 원년 9월 기축.

軍・萬戶・副萬戶 이상을 2등으로 삼고, 司直・副司直・司正・副司正과 관직이 없는 사람까지를 3등으로 삼았다. ……76)

라는 내용이 나온다.

여기에서 명의 對여진정책과 비교할 때, 관직수여에 있어서 조선은 이미 명의 관직을 받은 여진에게는 그 官品에 상응하는 관직을 주었다는 것이다. 예컨대, 명조의 正2品官인 都督僉使를 이미 받은 여진인에게는 조선의 정2품관인 中樞部知事를 주었고, 명의 都指揮에게는 都萬戶를, 指揮에는 副萬戶, 명의 正5品 千戶에게는 조선의 정5품인 司直을 주었다. 한 번 관직을 받은 자가 보다 상위의 관으로 승급하거나 아들이 아비의 관을 계승할 수 있는 것도 명의 그것과 같았다.

그리고 조선은 명과 마찬가지로 여진인에게 授官할 때는 고명칙서에 해당하는 官敎를 주었다. 이 역시 임명장임과 동시에 조선 입국 시에 예우를 받을 수 있는 증명서의 기능을 갖고 있었기 때문에 타인의 것을 차용하는 폐단도 발생하였다.

그리고 조선도 여진에 대해 기미정책을 활용하였다. 세종이 咸吉道 도절제사 金宗瑞에게 보낸 長文으로 된 傳旨文에서 여진에 대한 기미정책에 관한 글이 나온다.

"동창(童倉)・범찰(凡察) 등이 근년에 매양 옮겨 갈 뜻을 품고 있어서, 변방 장수가 여러 번 제재하고 다스릴 방책을 진달하였다. ……오랑캐를 대접하는 도리는 신의(信義)가 중한 것이니, 불러와서 직업에 되돌아가 전과 같이 생업을 편안히 하는 것만 못 할 것이다. ……의

76) 『세종실록』 권111 세종 28년 1월 무인.

논하는 자가 말하기를, '동창·범찰 등 수령 되는 사람과 그 관하의 세력이 있는 사람들의 전 가족을 內地로 옮겨 들이어 좋은 전지를 주어 생업을 후하게 하고 ······비록 반칙하는 마음이 있더라도 어찌 처자를 버리고 몸을 빼쳐 도망가겠는가. 이것이 기미(羈縻)하는 좋은 방책이다.' ······나(세종)도 생각하건대 ······마땅히 자제를 서울에 들여보내어 侍衛에 從仕하고, 때때로 왕래하여 부모 친척과 만나보아 생생(生生)의 낙을 길이 누리게 하는 것이다. ······"[77]

이와 같이 조선은 명의 對여진 기미정책을 그대로 빌려 원용하여 여진의 경제적 욕구를 적극적으로 충족시켜 주었음을 알 수 있다.

여진에 대한 朝明 양국의 차이점을 살펴본다면, 上京入朝 규정상 조선은 명과 달리 세조 때부터 여진에게 祿俸을 지급하였다는 것이다.[78] 그리고 조선은 야인의 在京宿所인 北平館에서 公私貿易이 이루어질 수 있도록 허용함으로써, 명에 비해 여진인의 경제적 욕구를 보다 충족시켜 주었다. 나아가 1406년(태종 6)에 境城과 慶源에 貿易所를 개설하여 조선의 각종 布, 金銀, 鍮鐵農具, 종이 등 수공제품을 여진사회에 대량으로 공급하였다.

그리고 명이 여진인을 侍衛로 채용한 일이 비교적 적었지만, 조선은 1404년(태종 4)에 童猛哥帖木兒가 입조했다가 돌아가면서 그 동생과 養子, 처제 등을 시위로 남겨두게 하였다. 따라서 여진인이 조선의 군주를 숙위 혹은 시위한 대가로 의복과 鞍馬, 家舍, 家財, 奴婢 등을 받고 혹은 娶妻까지 한 경우가 세종 대에만 90여 건에 이르렀다.[79]

---

77) 『세종실록』 권89 세종 22년 4월 병신.
78) 河內良弘, 「李朝時代女眞人朝鮮入京」, 『天理大學學報』 138, 1983, 25 - 44쪽.
79) 河內良弘, 「李朝初期の女眞人侍衛」, 『朝鮮學報』 14, 1959, 381 - 419쪽.

상술한 바와 같이, 조선에 입조하여 초유를 받은 여진 제 부족은 대부분 명에도 입조하여 책봉을 받음으로써, 이른바 朝·明 양국에 대한 이중적 兩屬關係를 성립시켰다. 예를 들어, 조선시대 전기에 요동에 설치되었던 衛는 모두 184개였는데, 이 가운데서 43%에 해당하는 79개 衛가 조선에 입조하였다.[80]

이러한 조선 측의 적극적 공세는 당연히 명 측의 저항을 불러일으켰다. 朝·明에 兩屬한 대표적 존재가 곧 兀良哈 추장 阿哈出과 吾都里 추장 童猛哥帖木兒, 그리고 토착 여진인을 대표하였던 李亦里不花 등이었디. 阿哈出은 1404년(태종 4)에 조선에 의해 護軍으로 임명되었다가 명조의 회유로 入明하여 建州衛指揮使로 임명되었다. 조선의 護軍으로 임명되었던 童猛哥帖木兒는 명조의 회유를 받고서 "우리들이 조선을 섬긴 지 20여 년이다. 조선이 명나라와 親交하기를 兄弟처럼 하는데, 우리들이 어찌 따로 명나라를 섬길 필요가 있겠는가?"[81]는 이유로 入明을 거부하였다. 하지만 나중에 阿哈出과의 경쟁관계를 의식하여 그도 1405년에 명에 입조하여 후에 鳳州 開元路 방면으로 이주하였다.

단지 參敗(지금의 北靑)에 확고한 경제적 기반을 갖고 있었던 李亦里不花만이 東北面 11곳의 여진 추장과 함께 명의 회유에 끝까지 굴하지 않고 조선의 여진정책에 적극 협조하였다.

1433년(세종 15)에 童猛哥帖木兒가 反明세력 兀狄哈에 의해 살해된 뒤, 그 아들 童倉(董山)과 동생 童凡察이 建州左衛의 주도권

---

80) 『大明一統志』 권89 女眞條; 金九鎭, 「朝鮮初期 對女眞關係와 女眞社會의 實態」, 『東洋學』 14, 1984, 514쪽.
81) 『태종실록』 권9 태종 5년 4월 을유.

을 다투게 되었다. 이리하여 명은 1512년에 右衛를 새로 설치하여 童倉으로 하여금 建州左衛를 계승하게 하고 童凡察은 建州右衛를 통솔하게 함으로써, 건주여진은 兀良哈의 建州衛와 吾都里의 左右衛 등 3衛로 나뉘어져 朝・明 양국에 兩屬되었다.

1459년(세조 5)에 "建州 3衛의 都督들이 朝鮮과 사사로이 결탁하고 있어, 中國의 우환이 될까 두렵다."는 遼東 邊墻의 보고에 따라, 明 英宗은 조선에 국서를 보내어, "宣德・正統年間(1426－1449)에 王國(朝鮮)이 그들과 서로 侵擄하기에 원한을 품고 싸움을 그만두도록 勅諭하였다. 애초부터 서로 통교하지 말며 상을 주거나 관직을 내리지도 말게 하였다. 그들이 이미 朝廷의 관직을 받았는데, 왕이 다시 상과 관직을 주는 것은 곧 조정과 겨루려는 것이라."고 하면서, "이후로는 마땅히 사사로운 교통을 끊어 명예를 보전하도록 하라."[82]고 요청하였다. 그러나 건주좌위의 童倉과 건주위의 李滿住(阿哈出의 孫)는 여전히 조선과의 관계를 끊지 않았고, 결국엔 1467년에 朝明 聯合征討軍에 의해 멸망되었다. 이후 조선과 건주여진은 명의 간섭으로 인해 누르하치(奴爾哈赤)가 출현할 때까지 상호관계를 중절하지 않을 수 없었다.[83]

한편으로, 여진의 入貢과 互市를 통한 對여진정책은 명대 후기에 이르러 명 국력의 쇠퇴와 여진사회의 발전에 따라 점점 무력화하였다. 아울러 유력한 추장이 무력을 배경으로 璽書, 즉 勅道를 겸병하고 印信을 쟁탈하는 일이 빈번하게 발생하여 여진에 대한 통제체제가 붕괴되었다. 따라서 명과 건주여진의 관계는 이미 正統

---

82) 『明史』 권320 朝鮮傳, 150쪽.
83) 서병국, 「朝鮮前期 對女眞關係史」, 『國史館論叢』 14, 1990, 139－148쪽.

말부터 무너지기 시작하였다.[84] 조선에 대한 여진인의 피해도 상당히 컸었는바, 특히 "成化年間(1465 - 1487)에는 (야인이) 대거 창궐하여 1년 동안 침구해 온 것이 97차나 되었고 죽이거나 사로잡아 간 인구가 10만여 명이나 되었다."[85]고 한다.

그리하여 1467년(成化 3)에 명은 조선과 연합하여 대규모의 군사로 建州女眞을 공격한 다음, 1479년부터 1481년까지 요동 동부에도 긴 邊墻을 쌓아 요동도사 관할 구역과 그 동부 奴兒干都司 관할 구역을 분리시켰다.[86] 遼東邊墻의 수축은 매우 상징적인 일로서, 여진세력이 이미 명에 위협이 될 만큼 상성해졌다는 것을 보여주는 것이고, 명의 여진 지배정책이 소극적 방어태세로 전환했다는 것을 보여주는 것이다. 이후 명은 노아간도사를 폐쇄하여 직접적인 통제를 포기하였고, 여러 가지 번거로운 문제가 발생하는 조공무역보다는 遼東邊墻에서의 互市무역을 확대하여 그들의 무역욕구를 해소시키도록 하였다. 이와 함께 조선과 여진의 관계도 이후 누르하치의 출현 때까지는 상대적 소강상태로 이어 나갔다.[87]

요컨대 이 시기 명을 중심으로 하는 동아시아 조공책봉체제하에서 조명 양국은 조공책봉관계의 토대 위에 여진을 둘러싸고 복잡한 삼각외교체제를 펼쳐 나갔다. 여기에서 특히 여진과 조선과의 관계특성에 대해 재검토할 필요가 있다고 본다.

즉 기존 학계에서 주로 여진과 조선과의 관계를 교린관계로 간주하여 온 반면, 이 밖에 양자의 관계를 조공관계라고 해석하는 경

---

84) 조영록, 앞의 논문, 1977, 41 - 47쪽.
85) 『중종실록』 권100 중종 38년 1월 정미.
86) 叢佩遠, 「明代遼東邊墻」, 『東北地方史硏究』 1, 1985, 39 - 44쪽.
87) 김한규, 앞의 책, 1999, 590 - 606쪽.

우도 있고[88] 심지어 이 두 관계를 혼용하여 부르는 경우[89]도 있다는 점에 주목할 필요가 있겠다. 물론 각자 주장마다 그로서의 일리가 있는 것만은 사실이다. 이 문제를 대함에 있어서 관건은 당시 시대적 상황에서 여진이라는 역사실체에 대해 어떻게 정의를 내릴 것인가라고 본다. 바꾸어 말해, 여진을 하나의 민족실체로 보는가, 아니면 국가실체로 보는가 하는 것이다. 물론 후금 건국 이전인 이 시기에 여진은 아직까지 국가체제를 갖추지 못한 부족이었기에 그것을 국가실체라고 볼 수 없다. 따라서 본고에서는 조선과 여진의 관계를 교린관계라고 보는 것이 보다 타당하다고 생각한다. 왜냐하면 앞에서 언급하다시피 당시 동아시아 외교체제를 크게 두 가지로 나눌 수 있는데, 하나는 명을 주축으로 하는 조공책봉체제(조선과 명, 일본과 명 등의 조공책봉관계)이고 다른 하나는 명을 제외한 피책봉국 및 그 밖의 세력들(여진, 각 영주, 지방호족 등) 간의 교린관계체제이다. 아울러 조공관계라 함은 결국엔 국가 대 국가 관계이다. 따라서 조선과 여진의 관계는 교린관계체제에 속하고 양자의 관계는 교린관계, 보다 정확하게 말하자면 기미교린관계라고 할 수 있겠다.

---

88) 河內良弘, 『明代女眞人の硏究』, 京都: 同朋舍, 1992, 1장. 최동희, 「조선과 청의 조공 관계 연구」, 『한국정치외교사논총』 24, 2002, 2장 참조.
89) 박원호, 「조선 초기의 대외관계 – 15세기 동아시아 정세」, 『한국사』 22(국사편찬위원회), 1995, 282쪽 참조.

3. 後金의 흥기와 朝·明관계의 동요

앞에서 살펴보다시피, 명이 중국을 지배하고 있던 시기에, 요동의 서부에는 명의 遼東都司가 설치되어 있었고, 요동의 동부에는 女眞 諸部가 분포되어 있었다. 그중에서 특히 조명 양국의 경쟁대상이 된 建州女眞은 한곳에 정착하지 못하고 요동 각지를 전전하였다.

建州衛는 三姓 지방을 떠나 吉林과 婆猪江(오늘의 佟佳江) 유역으로 전전하다가 渾河 상류 蘇子河畔(오늘의 興京 老城 부근)에 정착하였고, 建州左衛는 삼성에서 두만강 하류 훈춘 지방과 鳳州(開原) 등 지방을 전전하다가 다시 會寧으로 귀환하였다. 그러나 이곳에서 猛哥帖木兒가 七姓野人에 의해 죽음을 당하고 建州左衛의 잔여 세력은 興京 방면으로 이동하여 建州本衛와 합류, 동거하게 되었다. 그러나 결국에는 1467년의 '成化之役'으로 훗날 후금을 건국했던 건주여진은 치명적 타격을 받아 요동의 한 귀퉁이에서 殘命을 겨우 유지하게 되었다.[90]

한편으로, 명대 후기에 이르러 명 국력의 쇠퇴와 여진사회의 발전에 따라 入貢과 互市를 통한 對여진 기미정책이 완화되자, 유력 추장들은 무력을 배경으로 勅書를 겸병하고 印信을 쟁탈하게 되었다. 그 결과 16세기 전반에는 여진사회의 대표적인 세력집단으로 海西 4部, 즉 여허(葉赫)部, 하다(哈達)部, 호이파(輝發)部, 울라(烏喇)部 이른바 扈倫 4部와 建州部가 출현하였다. 해서 4部 중에서

---

90) 조영록, 앞의 논문, 1977, 15–32쪽.

開元에 설치한 南關에 가까운 하다부와 北關에 가까운 여허부가 가장 강성하였다.

16세기 중반 명의 지원을 받는 여진의 지도자는 하다의 완한(王台)이었다. 완한은 遼東總兵 李成梁의 신임을 받아 해서여진의 호시무역을 장악하고 있었고, 해서 4부의 연맹을 주도하고 있었다. 그리고 건주여진 세력이 명의 공격을 받아 약화된 것을 기회로 건주여진에 대한 무역통제권까지도 장악하였다. 그러나 그 정치적 통합은 매우 이완된 것이어서, 그가 죽은 후 여진사회 내부에서는 그의 대외경제권을 차지하기 위한 이른바 '勅書之爭'이란 격심한 분쟁이 발생하였다.[91] 奴爾哈赤(누르하치)의 출현과 성장은 이 칙서분쟁을 배경으로 이루어진 것이다.

建州左衛 都指揮使였던 猛哥帖木兒의 6대손임을 자처한 누르하치는 역시 都指揮使였던 그의 祖父 기오창가(覺昌安)의 영향으로 李成梁과 밀접한 관계를 갖고 있었고, 어릴 적부터 명에 자주 왕래하였다. 누르하치는 뛰어난 경쟁력을 발휘하여 建州左衛를 다시 일으켜 建州諸衛를 통어해 나아갔다. 그는 1583년 명으로부터 建州衛指揮使로 책봉을 받고 1591년에는 都督으로 승급되었다. 아울러 通婚政策과 무력토벌로써 요동의 여진 제부를 통일해 나아감으로써 국가의 규모를 갖추기 시작하였고 드디어 1593년에는 스스로 왕을 자칭하였다.[92] 그러나 명과 조선에 대해서는 '建州左衛 都督' 혹은 '龍虎將軍'을 칭하여 공손하게 처신하였다.

---

91) 勅書之爭의 구체적 내용에 대해서는 叢佩遠, 「明代女眞的勅書之爭」, 『文史』 26, 1995 참조.

92) 『선조실록』 권23 선조 23년 7월 정사·정묘.

누르하치에 의해 통합된 건주여진은 이미 임진왜란이 발생하였을 때는 조선에 대규모의 구원병을 파견하겠다고 자청할 정도로 강성해졌다.[93] 누르하치가 이처럼 신속하게 요동에서 성장할 수 있었던 까닭은 그의 타고난 정치적 역량뿐만 아니라 명과 조선이 임진왜란으로 말미암아 주변을 돌볼 틈이 없었던 국제적 환경도 크게 작용하였다. 그는 撫順, 淸河, 寬奠, 靉陽 등 네 곳의 馬市무역을 통하여 人蔘, 貂皮 등을 내다 팔고 대신에 식량과 농기구 등 생활필수품을 구입하여 비축함으로써,[94] 부를 축적함과 동시에 국가경영을 위한 힘을 길러 나갈 수 있었다.[95]

누르하치는 1598년부터 약 10여 년간은 해서여진 4부를 통합하는 작업을 추진하여 1607년까지 하다부, 호이파부를 멸망시키고, 울라부와는 두만강 및 吉林 일대에서 패권을 다투게 되었다. 누르하치는 1607 - 1609년(선조 40 - 광해군 원년) 사이에 걸쳐 울라부 및 동해 지방을 대대적으로 정벌하여 조선 정부를 긴장시켰다. 결국 1613년에는 울라부를 멸망시킴으로써 여허부를 제외한 전 여진 부족을 통합하기에 이르렀고, 요동을 제외한 만주전역을 지배하는 큰 세력으로 성장하였다.[96]

누르하치는 착실하게 국력을 키워 나갔고, 성지를 수축하고 관제와 법률을 제정하였으며, 여진 여러 부족을 통합하는 과정에서 군사·행정의 단위이고 국가통치기구인 八旗制度를 성립시켰다. 그

---

93)『선조실록』권30 선조 25년 9월 신미.

94)『淸太祖實錄』권2 戊子 春4월 甲寅 ; 『皇淸開國方略』권1 春정월 辛卯.

95) 김종원, 『근세 동아시아관계사 연구 - 朝淸交涉과 東亞三國交易을 중심으로 - 』, 혜안, 1999, 31쪽.

96) 김종원, 앞의 책 1999, 32 - 34쪽, 민경준,「明·淸交替와 한중관계」,『한중 외교관계와 조공책봉』(고구려연구재단 연구총서08), 2005, 171 - 184쪽.

리고 마침내 1616년(광해군 8, 萬曆 44)에 金國을 세우고, 연호를 天命이라 하였고,[97] 赫圖阿拉(지금의 遼寧新賓)을 수도로 정하고 興京이라 불렀다. 역사에서 後金이라 통칭되는 이 새로운 여진국가는 1618년(天命 3)에 '七大恨'[98]을 내걸고 요동지방을 침입하여 撫順과 淸河를 차례로 함락시켰다. 후금의 遼東 공격은 명에 대한 도전이자 명중심의 국제질서에 대한 도전이기도 하였다.

조선은 누르하치세력이 급성장하자 누르하치의 정세를 정탐하는 등 주의를 기울이고 있었다. 1601년(선조 34) 명의 직첩을 받은 누르하치가 조선에 대해서도 上京 受職을 요구하였으나, 조선은 備邊司에서 "어찌 우리나라의 직첩을 중국(명)에서 벼슬(龍虎將軍직)을 받은 사람에게 줄 수가 있겠는가 ……결코 그의 청을 따를 수 없다."[99]고 하여 이를 거절하였고, 누르하치의 '文書相通'의 요청도 명의 오해를 불러온다고 하여 역시 거부하였다. 1605년(선조 38) 11월에 누르하치는 처음으로 조선에 국서를 보냈는데 거기에는 '建州等處地方國王佟'(佟은 누르하치의 姓)이라고 국왕을 자칭하였고, 조선과의 우호관계 수립 희망, 竊蔘(인삼을 몰래 캐는 것) 및 犯越(국경을 몰래 넘는 것) 등의 금지와 처벌 요구[100] 등이 담겨 있었다. 이에 대한 조선의 답서는 여진과의 우호관계, 울라의 불법침입에 관한 것, 건주위로 하여금 울라를 달래서 조선을 침범하지 못하게 하는 것[101] 등의 내용이었다. 이 국서는 조선과 누르

---

97) 『淸太祖實錄』 권3 己亥 2월 辛亥; 乙卯 11월 癸酉; 天命 元年 春정월 壬申.

98) '七大恨'이란 1583년에 明軍이 古勒城을 공격할 때 잘못하여 누르하치의 祖父와 부친이 살해되어 맺힌 원한, 여허·하다를 明朝가 지원하여 누르하치의 여진통일을 방해했다는 것, 明과의 접경지대에서의 불화 등 명에 대해 품고 있던 일곱 가지 원한을 말한다.

99) 『선조실록』 권142 선조 34년 10월 임진.

100) 『事大文軌』 권46 萬曆 33년 11월 國書.

하치 간에 최초로 왕래된 것이고, 조선의 국방에 대한 인식과 후금에 대한 외교방향이 크게 변하고 있음을 보여준 점에서 중요한 의미가 있다고 하겠다.[102]

누르하치는 1608년부터 명에 바치던 조공도 끊고 독자적으로 생활을 영위하고자 하였다. 그러나 늘어나는 인구의 식량과 생필품을 공급하는 일은 간단하지 않았다. 萬浦鎭을 통해 조선으로부터 물자를 구입하고 있던 누르하치는 1609년 종래 조선에서 울라에게 보내던 면포를 자기에게 지급해 줄 것을 간청하였다. 이처럼 누르하치는 조선을 그들의 생활필수품 공급원 가운데 가장 중요한 지역의 하나로 간주하고 있었기 때문에 최선을 다해서 우호·친선의 관계를 유지하려고 노력하였다.

조선은 조선대로 군사력이 급성장한 여진을 자극하지 않으려고 주의를 기울이고 있었다. 1614년(광해군 6) 명에서 누르하치 토벌 계획을 세우고 원병을 요청하자, 조선 정부에서는 이 사실을 극비에 부쳐 朝報에도 싣지 못하게 할 정도였다.[103] 또 수시로 여진의 사정을 정탐하여 그들의 움직임을 면밀히 주시하고 있었다.[104]

후금의 요동공벌로 다급해진 명은 곧바로 회의를 열어 누르하치 정벌을 계획하였다. 이때부터 조선과 명, 후금의 3국관계가 얽히는 복잡한 국제정세가 전개되었다. 명은 누르하치 정벌에 "귀국에서도 군·마(7천)를 속히 마련하여 때에 맞추어 착오가 없도록 하라."[105]

---

101) 위와 같음.
102) 김종원, 앞의 책, 1999, 36-37쪽.
103) 『광해군일기』 권80 광해군 6년 7월 무오.
104) 이 시기 건주여진 동향에 대한 조선 측의 정보 수집에 관한 상황은 한명기, 『임진왜란과 한중관계』, 역사비평사, 1999, 231-235쪽 참조.

고 독촉해 왔다. 누르하치 또한 조선에 국서를 보내 "명이 (조선에) 출병 권유와 이간책(조선과 후금 간)의 양면작전으로 조선을 유혹하고 있음을 원망한다는 것, 남조(후금은 자신을 스스로 북조라 하고 명을 남조라 하였음)는 후금인의 땅을 빼앗고 함부로 살상하는 만행을 자행하는 데 통분을 느끼고 절치부심하고 있으며, 朝·金 양국은 서로 우의를 잘 다져서 명의 부추기는 말을 믿지 말자."106) 고 권유하였다. 후에 누르하치는 조선과 명이 합세하여 공격할 것을 크게 두려워하면서 "만약 요동에 원병을 보낸다면 조선을 공격할 것이며, 삼가 封疆을 지켜 군사를 움직이지 말라."107)고 조선을 협박하였다.

이러한 가운데 조선은 명과 후금의 어느 쪽 요구도 선뜻 들어주기 어려운 난처한 입장이었다. 광해군은 후금의 실력을 어느 정도 파악하고 있었기 때문에 명의 출병 요구를 회피할 수 있는 가능한 방법을 강구하라고 지시하였다. 그러나 신하들은 이를 쉽게 받아들이려 하지 않았다. 그것은 당시 많은 廷臣들이 '父子之義'와 임진왜란의 '再造之恩'의 妄執에서 벗어나지 못하고 있었기 때문이었다. 대부분의 정신들은 명분론에 사로잡혀 징병을 서두르려고 하였으나 광해군은 반대로 신중론으로 맞섰다. 원병파견의 찬반론의 논의 끝에 나중에 광해군은 중립적 실용주의 외교정책을 선택하였다. 그는 명의 원병 요청에 응해 1만여 군대를 파견하면서, 그 지휘관 姜弘立에게 형세를 보아 向背를 정하도록 비밀리에 지시하였다.108)

---

105) 『광해군일기』 권127 광해군 10년 윤 4월 갑술·기묘.
106) 『비변사등록』 권1 광해군 9년 12월(日字가 없음).
107) 『광해군일기』 권128 광해군 10년 5월 병진.
108) 閻崇年, 『努爾哈赤傳』, 北京出版社, 1983, 185-190쪽, 김종원, 앞의 책, 1999, 40-59쪽.

1619년(萬曆 47, 天命 4, 광해군 11) 2월 명청교체의 분수령이 되는 이른바 사르후(薩爾滸)전투[109]는 후금군의 일방적 승리로 끝났다.[110] 누르하치는 계속하여 開元을 점령하고, 여허부와 야인여진의 여러 부마저도 정복하였다. 1621년 후금의 대군은 瀋陽과 遼東都司 소재지 遼陽을 점령하였다. 1622년에는 廣寧마저도 점령하였다.

사르후전투 패전 이후 명은 조선의 군사적 원조를 다시 얻어내기 위해 광해군을 '충순한 군주'로 찬양하면서도 한편으로 조선이 후금과 몰래 내통하는 것이 아닌가 하는 의구심과 경계심을 갖게 되었는데 그 대표적인 것이 이른바 '朝鮮監護論'이었다. 즉 1619년(萬曆 47)에 名士 徐光啓가 상소를 올려, 漢代의 西域都護나 戊己校尉, 護羌校尉 등의 故事를 따라 조선에 "使臣을 보내 宣諭하고 監護할 것"을 주장하였다. 서광계는 자신이 말하는 "'鑒'은 그 지역의 情形을 살피는 것이고 '護'는 그 지역의 顚危를 부축하는 것이라."[111]고 설명하였지만, 그의 감호론은 조선인에게 내정간섭의 시도로 간주되었다.[112] 파병과 패전으로 입지가 강화된 광해군은 명에 대한 사대를 계속 표방하면서도 재징병 요구를 단호히 거절하는 한편, 사르후전투로 인한 요동 난민들이 조선에 상륙하는 것을 가능한 한 막고, 毛文龍의 椵島 진입을 종용하는 등 후금을 자극하지 않으려는 조치를 취하였다. 그러나 이는 뒤에 仁祖反正

---

109) 薩爾滸전투에 관해 여러 가지 명칭이 있다. 혹자는 살리호전투, 혹자는 심하전투라고도 부른다. 본고에서는 사르후전투라고 통칭지어 부르고자 한다.

110) 본 전역에서의 명·조연합군의 실패원인, 특히 조선의 사전 항복 여부에 관해서는 한명기, 앞의 책, 1999, 255－264쪽 참조.

111) 『광해군일기』 권145 광해군 11년 10월 임자.

112) 김한규, 앞의 책, 1999, 624쪽.

의 주요한 명분의 하나가 되었다.

1623년에 발생한 인조반정은 후금과 대립하고 있던 명에게는 큰 파문으로서 찬탈행위로 규정하고 응징해야 한다는 강경론이 있었다. 하지만 인조정권이 재조지은에 보답할 것을 다짐하고, 후금과의 관계를 염두에 두고 조선을 회유해야 하는 명으로서는 인조의 책봉을 승인하게 되었다.

한편으로 누르하치는 사르후전투에서 승리한 이후 조선의 포로 송환을 수단으로 이용하여 조선에 대한 외교공세를 강화했다. 누르하치는 조선과의 강화를 통해 군사상 명과 몽고, 조선의 3방향에서 공격받는 것을 피하고, 조선으로부터 경제적인 지원을 받으려 하였다. 그러나 조선은 후금의 외교공세에 대해 누르하치의 호칭을 문제 삼고 명조와의 관계를 배신할 수 없다는 이유를 들어 맹약 체결을 거절하였다. 누르하치는 결국 요동을 먼저 공격할 수밖에 없었다. 조선으로서는 후금의 압박에 굴복할 수도 없고 명과의 관계를 단절할 수도 없어 관망하는 태도를 취했다. 누르하치의 조선에 대한 외교공세는 후금의 요동 진출에 대해 조선이 소극적 태도를 취하게 함으로써 결과적으로는 성공을 거둔 것이라 할 수 있다.[113]

요동을 점령한 누르하치는 먼저 수도를 遼陽으로 옮기고 八旗人을 이주시켜 새로운 거점을 확보하고 요동 지배를 시도하였다. 그러나 요동 진출이 후금에게 대폭적이고 안정적인 대외경제상의 확대를 보장해 주지는 않았다. 안으로는 요동한인들의 반란과 도망이 이어졌고, 밖으로는 명과 대치하는 상황에서 명군의 반격 위협이

---

113) 滕紹箴, 『努爾哈赤評傳』, 遼寧人民出版社, 1985, 227-232쪽. 민경준, 앞의 논문, 2005, 186-188쪽.

항상 존재하고 있었다. 해상에서는 모문룡의 게릴라 활동이 후방을 교란시키고 있었다. 또한 명조를 지원하는 몽고와 조선에 둘러싸여 요동은 국제관계에서 고립되어 있었다.

이러한 상황에서 요동의 농업경제 상황은 악화되었다. 전쟁을 거치면서 파괴된 요동은 충분히 회복되지 않아 농토는 황폐해졌고, 후금이 자행한 도살과 한인의 도망으로 요동의 농민인구는 감소하였다. 저항하는 한인 농민들은 농경에 종사하지 않아 식량이 모자란 데다 가뭄마저 겹치자 요동의 경제상황은 더욱 악화되었다.

후금은 또한 정치상의 문제를 안고 있었다. 누르하치가 건립한 후금은 국가체제의 초기 단계였다. 互市경제체제 안에서 형성된 八旗制度는 기본적으로 군사제도이고, 八旗官은 거의 만주족이었기 때문에 한인이 우세한 요동에서 이를 통해 통치한다는 것은 불가능했다. 그리고 팔기제는 버일러(貝勒)가 국정을 공동으로 담당하는 것이었기 때문에 정치, 군사 사안을 모두 집단적으로 결정해야 하는 원시성을 띠고 있었으며, 권력 분열을 초래할 위험도 안고 있었다.[114] 지역은 넓고 인구는 많으며 경제문화가 발달한 요동지역의 통치를 누르하치가 설치한 초기의 국가체제로시는 감당할 수가 없었다. 따라서 요동 진출 직후에 후금체제는 붕괴의 위기에 빠져 있었다.

요동 지배의 불안정을 극복하기 위해 누르하치는 결국 한인과 공존하려고 했던 요동 지배정책을 포기하였다. 1625년 누르하치는 한인의 저항을 주도하는 퇴직관리와 농경에 종사하지 않는 한인을

---

114) 노기식, 「누르하치의 武官制와 재물분재」, 『송갑호교수정년퇴임기념논총』, 1993, 249 - 263쪽.

조사하여 대량으로 도살하고, 남은 한인은 노예화하였다.[115] 그리고 명과의 대치상황과 주변의 몽고, 조선에 대한 전략적 고려를 하여 수도를 遼陽에서 瀋陽으로 옮기고 盛京이라 불렀으며, 계속 遼西지방으로 진격하여 山海關을 공격목표로 삼았다.

이제 요동의 안정적인 지배를 확립하고 고립을 탈피하기 위해서는 명과의 전쟁을 선택하는 길밖에 남지 않았다. 그러나 누르하치는 寧遠城을 공격하다가 遼東經略 袁崇煥의 강한 저항을 받아 이 전투에서 중상을 입고 그 이듬해(1626년)에 죽었다. 그의 뒤를 이어 아들 홍타이지(皇太極, 누르하치의 여덟 번째 아들)가 즉위하였는데 그가 곧 淸 太宗이다.

---

115) 당시 후금의 사회실태 및 모순에 관해서는 김종원, 앞의 책, 1999, 60 - 85쪽 참조.

Ⅲ 朝·淸 조공책봉관계의 성립 및 전개

1. 丁卯胡亂과 朝·明·後金관계

후금은 건국 후 요동으로 진출하여 廣寧을 점령한 이후에도 그 최종목표는 조선이 아니라 명이었기 때문에, 조선군의 참전은 조선과 후금의 관계에 결정적인 타격을 주지 않았다. 따라서 1621년까지 후금과 조선 사이에 대규모 전쟁은 일어나지 않았다.

그러나 이 기간에 몇 가지 마찰이 발생하여 양국의 외교적 갈등은 커 갔다. 하나는 모문룡의 배후에서의 게릴라 활동이 후금의 안전을 위협하는 것이었다. 다른 하나는 명과 조선의 관계 단절이었다. 누르하치가 조선에 대해 교섭하는 주요 목적은 명을 고립시키려는 것인데 조선의 명에 대한 태도는 변하지 않았다. 또 다른 하나는 요동 한인들이 대량으로 조선의 경내로 피난하였는데 누르하치는 이들을 잡아 보내라고 요구하였으나 조선은 이를 받아들이지 않았다.[116]

특히 1623년에 조선에서 仁祖反正이 일어나 광해군이 축출되고

---

116) 滕紹箴, 『努爾哈赤評傳』, 遼寧人民出版社, 1985, 341 – 343쪽.

인조가 즉위하자 그 외교방향은 명분상 崇明排金으로 급선회한 다.[117] 조선의 외교정책 전환은 후금을 직접 자극하였다. 또한 1621년부터 시작된 椵島事件[118]은 양국의 관계를 결정적으로 악화시켜 전쟁의 또 다른 빌미를 제공하였다.

후금은 1625년(天命 10)에 수도를 遼陽에서 瀋陽으로 옮기고 盛京이라 불렀다. 이후 후금은 명을 정복하기 위한 1차 작업으로 椵島세력의 제거를 설정하였다. 1626년에 누르하치를 계승한 홍타이지는 조선과 명의 관계를 단절시키고 가도의 모문룡 세력을 제거함과 동시에 명과의 단교로 인해 증대된 직물 등의 수요를 충족시키기 위해 조선을 침공하기로 결정하였다.

여기에서 한 가지 강조하고 싶은 것은, 정묘호란의 발생요인에 대해 김종원은 조·명·후금의 국제적 정세변화라는 외적 조건보다도 후금 내부의 정치적, 사회경제적 제반 상황, 즉 내적 원인에 초점을 두고 있다[119]는 점이다. 이러한 논리를 토대로 상술한 내용을 종합해 보면, 후금 사회의 기층을 이루는 한인의 도망과 반란으로 말미암아 후에 가까스로 구축한 후금 농경사회의 기반이 흔들리게 되었고, 이 도망과 반란을 부채질한 것이 모문룡이었고, 또 모문룡을 비호하고 두둔하고 있었던 것이 다름 아닌 조선이었다는 것이다. 따라서 후금으로서는 조선과 모문룡을 증오하는 마음이 클

---

117) 인조반정과 대명관계의 추이에 대해서는 한명기, 『임진왜란과 한중관계』, 역사비평사, 1999, 제3부 참조.

118) 椵島사건이란 후금군에 패주한 明將 모문룡이 압록강 하구의 椵島(어떤 경우에는 椵島 혹은 皮島라기도 함)에 근거지를 마련하고 조선의 물자를 지원받으면서 후금의 후방을 교란하고 요동의 회복을 획책한 사건이었다.

119) 김종원, 『근세 동아시아관계사 연구 - 朝淸交涉과 東亞三國交易을 중심으로 - 』, 혜안, 1999, 80 - 84쪽.

수밖에 없었다.

이러한 배경하에 1627년(天聰 원년, 인조 5) 정월에 홍타이지는 從兄 阿敏 등에게 3만 대군을 보내어 조선을 정벌함과 동시에 椵島를 공략하게 하였다.[120] 후금 대병에 의해 눈 깜짝할 사이에 平壤을 잃은 조선정부는 황급히 江華島로 피난하면서 강화를 요청하였다.[121] 화평교섭에 있어서 가장 문제가 된 것은 첫째, 朝·明관계의 조절이고, 둘째, 禮幣이고, 셋째, 和盟의 儀節에 관한 것이었다.[122]

우선 朝·明관계에 있어서 후금은 조선이 참된 마음으로 강화를 원한다면 명에 사대하지 말고 그들과의 사절 왕래를 끊고, 후금과 형제관계(후금이 형, 조선이 동생)를 맺기를 요구하였다.[123] 또한 명의 연호를 사용하지 말 것도 요구하였다.[124] 즉 전략적인 견지에서 보아 후금은 명과 전쟁관계에 있었던 만큼 조선을 확실하게 그들 편으로 묶어 두어야 할 보증이 필요하였던 것이다. 이에 조선은 후금에 보내는 회답서에

"우리나라가 皇朝(명)를 신하로서 섬긴 지 이백여 년이 되어 名分이 이미 정해졌는데 감히 다른 뜻을 가질 수 있겠는가. 우리나라가 비록 약소하지만 평소에 예의가 있는 나라로 널리 알려졌는데, 만약 하루아침에 황조를 배반한다면, 귀국(후금)인들 우리나라를 어떻게 생각하겠는가. 사대와 교린은 각각 길이 다르다. 지금 우리나라가 귀국과 화의하려는 것은 이른바 교린이고 황조를 섬기는 것은 이른바 사대이다."[125]

---

120) 『淸太宗實錄』 권3 天聰 元年 정월 甲戌.
121) 정묘호란의 전반과정에 대해서는 김종원, 앞의 책, 1999, 86 - 96쪽 참조.
122) 김한규, 『한중관계사』 II, 아르케, 1999, 715 - 716쪽.
123) 『淸太宗實錄』 권3 丁卯年 5월 戊辰.
124) 『인조실록』 권15 인조 5년 2월 무오.

라고 하면서, 사대와 교린의 길이 각각 다르므로 후금과 和約을 맺지만 명과 적대하지 않겠다고 설명하였다. 그리고 명 연호(天啓)의 사용문제에 있어서 후금 측이 강력히 주장한 것은, 조선이 명의 연호를 쓰는 것을 전면적으로 반대한다기보다는 후금과의 사이에 내왕하는 문서에 명의 연호를 쓰지 말라는 것이었다. 합의 끝에 후금에 보내는 국서는 揭帖의 형식[126]을 빌려 국서에는 어느 나라의 年號도 전혀 사용하지 않는다는 타협안이 이루어졌다.[127]

이어 和盟의 儀節에 관한 것으로서, 이 문제는 대체로 국왕의 和盟親臨 여부, 儀式 일반에 관한 절차 및 刑牲盟約[128]에 관한 절차 등 세 가지 내용이었다. 이 문제 역시 조정에서 논란이 많았으나 결국 국왕이 親誓에 동의하고 殿上에서 焚香告天만 하고 刑牲은 대신이 다른 곳에서 하는 것으로 타협을 보았다.

그리고 禮幣에 관한 것인데 처음 후금 측이 요구한 품목과 수량은 목면 40,000필, 소 4,000두, 면주 4,000필, 포 4,000필이었다.[129] 이에 대해 조선에서 보낸 것은 목면 15,000필, 綿紬 200필, 白苧布 250필, 虎皮 60필, 鹿皮 40필, 倭刀 8자루, 鞍具馬 1필이었다.[130] 이 가격은 정조·순조 연간의 錢價로 환산하면, 후금 측의 약 70만 냥의 요구에 대하여 약 20만 냥어치의 賜給에 해당한다.[131] 이

---

125) 『인조실록』 권15 인조 5년 2월 임인.
126) 揭帖의 형식이란 廣寧巡撫 袁崇煥이 후금에 보내는 문서형식으로서 연월일은 말할 것도 없고 명의 연호를 쓰지 않아도 됨을 뜻한다.
127) 『인조실록』 권15 인조 5년 2월 무오·기미·경신.
128) 刑牲盟約이란 조선과 후금 두 나라가 맹약할 때 희생을 잡아 피를 마시고 하늘에 맹세함을 뜻한다(『인조실록』 권16 인조 5년 4월 갑진 참조).
129) 『인조실록』 권15 인조 5년 2월 병오.
130) 『인조실록』 권15 인조 5년 2월 기해·병오·무신·임자.
131) 그 밖에 구체적으로 보면, 1627년부터 1636년까지 조선은 후금에 雜色紬 600필과 백저

지급액은 당시 전란과 약탈로 피폐해진 조선으로서는 아주 과중한 부담이었다.132)

이 시기 후금이 강요한 임시의 禮幣, 歲幣133)의 품목과 수량에 관한 내용은 아래의 표와 같다.

〈표 4〉 임시 禮幣, 歲幣의 품목과 수량 및 가격 도표134)

품목	수량	단가(錢兩)	계(同)
잡색주	600필	18	10,800
백저포	200 〃	16	3,200
백포	400 〃	12	4,800
잡색목면	2,000 〃	12	24,000
정목면	5,000 〃	12	60,000
표피	50장	50	2,500
수달피	200 〃	24	4,800
청서피	160 〃	2	320
상화지	50권	6	3,000
백면지	1,000 〃	3.4	3,400
채화석	50장	6.8	3,400
화문석	50 〃	6.8	3,400
용석	1 〃	36	36
好刀	8자루	(1)	(8)
小刀	8 〃	(0.5)	(4)
단목	200근	0.5	100
호초	10두	(9.5)	(95)
黃栗	10 〃	(6)	(60)

포 200필, 雜色木棉 2,000필, 正木棉 5,000필, 豹皮 50장, 수달피 200장, 청서피 160장, 霜華紙 1,000권, 彩花席 50장, 龍席 1장, 好刀 8자루, 丹木 200근, 胡椒 黃栗 大棗 각 10두, 乾柿 50첩, 全鰒 10첩, 天池雀舌茶 각 50봉 등을 歲幣로 보냈다(전해종, 「丁卯胡亂의 和平交涉에 대하여」, 『한중관계사 연구』, 일조각, 1970, 123 – 130쪽 참조).

132) 전해종, 「淸代 韓中關係의 一考察 – 朝貢制度를 통하여 본 態度의 변천에 대하여」, 『동양학』 1, 1971, 232쪽.

133) 禮幣와 歲幣의 차이점이라면, 예폐는 임시적으로 보내는 것이고, 세폐는 말 그대로 해마다 후금에 보내는 방물을 가리킨다. 물론 이 두 가지는 모두 후금에 의해 일방적으로 정해진 것이다.

품목	수량	단가(錢兩)	계(同)
大棗	10 〃	6	60
銀杏	10 〃	(5)	(50)
乾柿	50접	1.3	65
全鰒	10 〃	12	120
天池茶	50봉	(2.5)	(125)
雀舌茶	50 〃	(2.5)	125
合計 錢約 124,000兩			

상술한 禮幣, 歲幣액은 정묘년 이래로 청에 보내진 것이다. 물론 조선에 대한 청의 물자욕구는 이로써 끝나지 않았다.

이러한 상황하에 조선 조정 내에서는 계속 主和와 斥和의 논의가 분분했지만, 결국 1627년 3월 3일 국왕이 친히 焚香의 예를 행하여 江都의 盟을 하고 뒤이어 平壤盟約을 맺어 후금과 兄弟之國을 약속하였다. 이것이 바로 丁卯胡亂의 전말이다.[135]

맹약의 내용을 정리하면 다음과 같다.[136]

① 강화가 성립되면 平山에서 일보도 전진하지 않고 다음날 바로 班師하여 조선 경내에 駐留하지 않는다.
② 지금 이후로는 각각 封疆을 지키고 양국의 병마는 압록강을 넘어서 일보도 나가지 않는다.
③ 각각 서약을 준수하여 索取하지 않는다.
④ 王弟는 맹약이 끝나면 볼모로 하지 않고 귀환시킨다.
⑤ 俘虜가 된 조선인은 남녀를 불문하고 모두 쇄환하며 奸細는 상호 잡아 보낸다.
⑥ 兄弟之誼를 맺어 후금이 형, 조선이 동생이 된다.
⑦ 후금과는 和平관계를 맺더라도 (조선이) 명을 배반하지는 않는다.

---

134) 『인조실록』 권32 인조 14년 2월 기묘, 전해종. 앞의 논문. 1971 참조.
135) 김종원, 「정묘호란」, 『한국사』 29(국사편찬위원회), 1995, 236 - 266쪽.
136) 김성균, 「초기의 조청경제관계교섭략고」, 『史學研究』 5, 1959, 4쪽.

⑧ 세폐는 인조 스스로 액수를 정한다.

⑨ 상호 적대행위를 하지 않고 상호 침략행위를 하지 않는다.

⑩ 薙髮者로서 조선에 도망하는 자는 머물러 있지 못하게 하고 즉시 송환한다.

⑪ 후금의 사신은 명의 사신과 동등하게 대우한다.

이로써 후금은 禮幣와 歲幣로써 막대한 물자를 무상으로 획득하였을 뿐만 아니라, 조선에 開市를 요구하였고 호란 다음 해(1628)에 中江(압록강 하류 蘭子島)과 會寧에 互市를 열어 사실상 약탈무역을 감행하여 물적 욕구를 충족하였다. 조선이 매년 막대한 재물을 보내라는 요구를 수락하자, 후금군은 평산 이남으로 진출하지 않고 곧 철병할 것을 약속하였다. 이 밖에 매년 목면 7,000필 등 12만 냥어치의 24종 물품을 세폐로 후금에 보내주기로 하였다.[137]

조선은 정묘호란으로 후금과 형제관계를 맺게 되었는데, 양국은 처음부터 관계에 대한 해석을 놓고 차이를 드러내게 되었다. 조선은 종전 교린의 연장으로 간주하였으며, 후금은 형이라는 우세한 입장에 서서 조선이 명을 대하는 정도로 해 주기를 기대하였다. 이러한 양국 간의 견해 차이는 병자호란까지 계속 사단을 일으켰고, 그것이 명분상의 문제이든 실질적인 문제이든 거의 조선의 대명사대라는 배경과 관련되어 있었다는 것은 주의할 필요가 있다.

후금은 정묘호란으로 조선의 대명관계를 견제하고 단교까지 시도하였으며, 종전의 교린에서 형제라는 새로운 관계를 이루게 되었다. 그러나 조선의 대명사대에는 후금이 간여하지 못하였다. 오히려 再造藩邦의 은혜가 더욱 명분화되고 강조된 시기가 인조 연간

---

137) 전해종, 「丁卯胡亂의 和平交涉에 대하여」, 앞의 책, 1970, 135-138쪽.

이다.138)

그럼 소위 나라가 망할지라도 의리는 지켜야 한다는 조선의 명분론의 그 이면에는 무엇이 있었을까? 그것은 바로 조선이 小華로서 夷狄(후금)과 同列에 설 수 없다는 것, 즉 후금보다 우월하다는 것을 나타내기 위해서는 이적과 교린관계밖에 맺을 수 없으며, 또 명이라는 中華的 질서 안에서라야 小中華로서의 존재가 가능하기 때문이었다.

정묘호란 후인 1627년 4월 인조는 후금군의 침입 시말 및 강화조약 체결을 변명하는 奏文을 명에 보냈다.

> "우리나라는 2백여 년 동안 皇朝(명)를 상국으로 섬겨 명분이 이미 정해져 大義가 지극히 엄격하다. ……事大와 交隣에는 각기 그 도리가 있는 것이니, 지금 金國과 화친하는 것은 교린이고 황조를 섬기는 것은 사대인 것으로 이 두 가지는 같이 행해져도 어그러지지 않는 것이다. ……오늘날 북쪽 오랑캐의 모욕을 참는 것은 와신상담하며 스스로를 격려하여 衰退를 부흥시키고 치욕을 씻는 것이 될뿐더러 어떤 난관이 있어도 중국 조정을 저버리지 않는 충성을 후일에 드러낼 것이다. ……흉악한 무리와 국서를 통하며 서약을 맺었으니, 생각이 여기에 미치자 다만 스스로 가슴만 칠 뿐이다. ……비록 황제를 받드는 일념이 분명한 진심이지만 장차 무슨 말로써 해명할 수 있겠는가. "139)

이와 같이 조선은 주문에서 비록 후금의 침입을 받았지만 명에 대한 사대는 여전히 변함없고, 후금과의 강화는 교린관계임을 강조하였다.

---

138) 최소자, 『명청시대 중한관계사 연구』, 이화여자대학교 출판부, 1997, 309쪽.
139) 『인조실록』 권16 인조 5년 4월 정유.

그 밖에 이 시기 명과의 통교수단인 사신의 내왕도 이미 육로가 단절되어 해로를 통할 수밖에 없었지만 조선은 가능한 한 登州·天津 등을 통해 명으로 가서 中原과 황실 사정, 流賊의 동향, 후금의 사정에 대한 정보를 얻고 아울러 조선의 국내 문제와 후금의 상황을 보고하였다.

또한 의례적인 면에 있어서도 조선의 대명 사대의 정도를 이해할 수 있다. 1627년 7월 명의 天啓帝 사망에 따른 황제 계승에서 崇禎帝의 즉위 조서는 1628년 2월 26일에야 이르는데, 조선 조정에서는 이미 그전에 숭징 연호의 사용을 各司, 各 衙門 및 八道에 통지하였다. 당시 인조의 이러한 행동은 숭정제 즉위 시 특별히 인정받아 恩綸과 賞賚가 내려지기까지 하였다.[140]

이어 1629년과 그 이듬해의 황후 책봉, 황세자 탄생 및 皇子 책봉 등 명조의 의례적인 일들에 대해 조선은 스스로 앞장서고 있으며,[141] 조선 성종대왕의 忌辰과 명 황제의 聖節이 相値되었을 때도 명의 일을 우선적으로 행하였다.[142]

따라서 이 시기 후금의 위협하에 조선의 대명 사대의 성격은 현실적인 면보다는 의식적·형식적인 면에서 좀 더 심화된 사대의 측면을 보였다고 할 수 있겠다.

한편, 조선이 후금에 굴복함으로써 고립무원의 경지에 빠진 모문룡은 1629년(崇禎 2)에 명의 요동공략 袁崇煥에 의해 斬殺되었다.[143] 모문룡을 제거한 직후 袁崇煥이 이 소식을 조선에 이첩(移

---

140) 『승정원일기』 권22 崇禎 원년 11월 14일조.
141) 『인조실록』 권23 인조 8년 12월 기사.
142) 최소자, 앞의 책, 1997, 304-309쪽.
143) 모문룡의 참살과정에 대해서 인조실록에 의하면, "都督 毛文龍이 經略 袁崇煥을 寧遠

帖)하여 모문룡이 조선에 끼쳤던 피해에 대하여 유감을 표시한 뒤 앞으로는 그러한 사태가 재발되지 않을 것이라고 약속하였다. 이어 그는 후금을 치겠다는 결의와 함께 조선도 병력을 동원하여 협공하자고 제의하자,[144] 조선 조정의 분위기가 상당히 '親明排金'의 방향으로 고양되고 있었다. 또한 1630년 4월 가도에서 都司 劉興治가 부총병 陳繼盛과 欽差通判 柳應鶴을 살해하였을 때,[145] 1631년 劉興治가 다시 沈世魁에게 피살됨으로써 가도의 상황이 또다시 바뀌었을 때,[146] 조선 조정 내에서 親明的 분위기가 고양되기도 하였다.[147]

이와 같이 정묘호란 이후 朝·明관계에 있어서 '친명' 분위기가 오히려 고양되어 간 반면 조선과 후금 사이에는 해결해야 할 문제가 여전히 남아 있었다. 그것은 주로 피로인(포로)들의 贖還 및 그에 따른 후금 측의 開市요구, 도망피로인의 쇄환, 세폐증액 문제 등이었다.

후금이 조선에 침입한 주요 동기의 하나는 조선으로부터 물자를 얻는 데 있었다. 그러한 물자교역의 장소가 다름 아닌 開市였다. 후금은 1627년 5월에 피랍된 조신 피로인들의 속환 장소로 개시

衛에 가서 만나고 돌아오면서 雙島(旅順)에 이르렀다. 경략이 餞別宴을 마련하여 毛를 접대하다가 갑자기 聖旨와 令箭을 소매 속에서 꺼내 보이고는 좌우를 명하여 도독을 끌고 나가 목을 베었고, 許鑑軍이란 자가 경략의 差官으로 椵島에 와 군병들을 위안 점검하자 섬 안의 장졸들이 그가 죽었다는 소식을 듣고는 모두 곡을 하였다."고 한다(『인조실록』 권20 인조 7년 6월 계미 참조).

144) 『인조실록』 권18 인조 6년 6월 갑진.
145) 『인조실록』 권22 인조 8년 4월 무진.
146) 『인조실록』 권23 인조 8년 9월 기묘.
147) 이 시기 가도에서의 세력균형 및 조선의 명에 대한 태도변화에 대해서는 한명기의 앞의 책, 1999, 390 – 400쪽 참조.

설치를 제의하였다. 그러나 후금에서는 전쟁 중에 붙잡힌 사람을 장병들의 군공에 따라 나누어 주는 것이 관례였으므로 이미 분배되어 석방될 수 없는 피로인이 엄청나게 많았다. 한 예로, 강화 후 후금이 물러가면서 해서 일대의 무수한 고을을 샅샅이 뒤져서 사람과 재물을 함부로 노략질하였는데 이때 피로된 사람이 엄청나게 많았다고 한다.[148] 따라서 호란 때에 피로된 사람들의 속환문제가 조선에게는 커다란 사회문제였다. 바로 그러한 조선의 약점을 이용하여 후금이 개시를 제의한 것이다. 조선이 피로인의 송환을 거부하자 후금의 태종은 포로문제를 철지하게 외교적인 수단을 통하여 해결하려고 하였다. 그것이 바로 贖還이었다.

사실 후금이 절실히 바라던 것은 단지 속환문제만은 아니었다. 즉 이보다도 정복사업의 팽창과 사회의 발전에 따른 급격하게 증가한 인구로 인한 식량수급과 그 해결을 위한 재원의 확보가 급선무였다. 속환을 구실로 삼아 개시를 제의한 것이 바로 이러한 문제를 해결하려는 데 있었던 것이다. 조선 정부가 두려워한 것도 바로 이 점이었다.

후금은 그들의 필요에 따라 일방적으로 개시를 강요하고 물품의 교역일자도 마음대로 정하였다.[149] 국왕을 비롯한 정신들은 명을 의식하고 반대하였다. 조선 정부는 후금의 개시 요구에 대하여 '姑息之計'로 맞섰으나 이는 후금 측의 협박과 강요하에서 통하지 않았다.

---

148) 『인조실록』 권15 인조 5년 3월 갑술·을축·기묘·경신·임오·을유, 『淸太宗實錄』 권2 天聰 元年 3월 己酉.
149) 『인조실록』 권17 인조 5년 10월 신유.

결국 조선은 개시를 계속 거부하다가는 무서운 화를 당할 것을 두려워하여 논의를 거듭한 끝에 1627년 11월에 후금의 요구대로 개시를 개설한다는 대강의 테두리를 정하였고,[150] 이듬해 정월 조선 측은 '中江開市'를 개설하여 양국의 물화를 통하게 하고 쌀 3천 섬을 내놓는 데 동의하였다. 중강개시는 2월에 정식으로 열리게 되었는데, 춘·추 2회로 하고, 1회는 1개월씩 열기로 하였다.[151] 후금의 요구하에 다음 해 회령개시도 열게 되었다.

그러나 개시는 후금의 일방적 요구하에서 설치된 것이기 때문에 개설 당초부터 갖가지 말썽을 빚었다. 조선은 마지못해 개시 설치에 동의했으나 앞으로의 폐단을 고려하여 교역물품을 토산품으로 제한하고 중국물화의 판매를 엄금하게 하였다. 그러나 정작 개시가 열리자 거래되는 물품은 중국산 緞子(견직물), 靑布(면포)가 많았다. 그것은 후금의 고관이 대개 중국산의 고급 견직물을 원했기 때문이다. 이에 조선은 개시에서 종이·후추·丹木·청포 등을 팔게 하고 그 대가로 은을 받아 돌아오는 길에 椵島에 들러 다시 단자와 청포를 무역해 오게 하였다.[152]

그리고 개시일에 商胡의 보호를 목적으로 파견되는 수백 명의 후금 군인의 供饋문제가 큰 부담이 되었다. 게다가 후금군의 무력을 동원한 행패, 후금 상인의 협박과 약탈 등으로 개시는 날이 갈수록 조선 측에 부담과 피해를 가중시켜 갔다.[153] 그리하여 조선 측의 많은 상인들이 개시를 회피하고 또 관서지방에는 교역에 응

---

150) 『인조실록』 권17 인조 5년 11월 을축.
151) 『인조실록』 권18 인조 6년 1월 병인·기사·경오·병자.
152) 『인조실록』 권19 인조 6년 2월 병신. 5월 무자.
153) 『인조실록』 권19 인조 6년 12월 신묘·경술.

할 물품이 없었으므로 개시의 성립이 어렵게 되었다. 상황이 이렇게 되자 조선 정부는 1631년(인조 9) 3월에 궁여지책으로 양국의 信使가 봄, 가을 두 번 왕래할 때 양국 수도에서 개시를 열고 물품을 매매하게 하자는 의견을 제안하였다.[154] 나중에 양측은 춘추의 신사가 두 번 왕래하는 편에 상인을 딸려 보내서 교역하게 하는 이른바 '使行貿易'에 동의하게 되었다.[155] 그러나 사행무역도 개시무역과 마찬가지로 큰 효과를 거두지 못하였다. 결국엔 양국 사이의 무역은 후금이 당초 기대했던 수준에 크게 못 미쳤고, 조선과의 무역을 통해 사회경제적 개신을 다지려고 노력하던 후금의 계획은 상당한 차질을 빚게 되었다.[156]

이에 덧붙여 쇄환 및 세폐문제가 겹쳐 양국관계는 걷잡을 수 없이 악화되고 있었다. 원래 개시에서 물자교역과 함께 이루어진 것이 피로인의 속환이었는데 이 속환 또한 후금 측의 비싼 贖價 요구와 조선의 정책 부재로 잘 이루어지지 않았다. 그 결과 도망자가 속출하였고, 이것은 후금에 중대한 사회문제가 되었다. 도망자의 발생은 곧 농업노동력 및 재물의 상실을 의미하기 때문에 후금으로서는 도망자의 쇄환에 큰 비중을 두지 않을 수 없었다. 그러나 6년간의 쇄환교섭에도 불구하고 조선은 국내의 여론을 감안하여 회피 내지 미봉책으로 일관하다가 형세가 불리할 때마다 약간 명을 쇄송하여 불을 끄는 데 그쳤을 뿐이다.[157]

다음으로 후금에서 트집을 잡기 시작한 것은 예물의 증액 문제

---

154) 『淸太宗實錄』 권8 天聰 5년 3월 丁酉.
155) 『淸太宗實錄』 권16 天聰 7년 11월 甲辰.
156) 김종원, 앞의 책, 1999, 114－129쪽.
157) 김종원, 앞의 책, 1999, 132－142쪽.

였다. 후금은 1631년(인조 9년) 윤 11월부터, 12월, 다음 해 1월 조선 사신이 가져온 예물이 적다고 트집을 잡았다. 또한 홍타이지는 명에서 보내는 사신에 대한 대접과 후금 사신에 대한 대접이 차이가 난다는 불만을 조선 측에 전달했다. 6월에는 조선이 보내온 공물의 양이 줄었다는 것을 빌미로 침략하겠다고 협박하는가 하면, 명 연안의 섬들을 공략하는 데 필요한 戰船을 제공하라고 요구하였다. 또 같은 해 12월에는 후금 사신이 역시 조선의 대접에 대한 불만을 제기하고 春秋使 예단이 정액에 미치지 못한다고 따졌다. 그 뒤 후금이 정한 예단품목이 조선 정부에 전달되었는데 종래의 것보다 엄청나게 증액된 것으로서 各色木棉이 합계 1만 4천 필이나 되었다. 결국 조선 정부는 그 예단을 바탕으로 하되 수량을 대폭 줄여서 1천5백 필을 기본으로 하고 약간 증액하였다.[158]

세폐 증액 요구는 1633년에 다시 있었는데 정묘호란 이후 유지되어온 양국관계가 파탄을 맞게 되는 분수령이 된 해로 여겨진다. 후금은 국서를 보내와 戰船을 제공하든가 공물 양을 증액하든가 둘 중 하나를 선택할 것을 협박하였다. 조선 정부는 결국 4월에 후금의 요구대로 예단을 대폭 증액하자, 후금에서는 그대로 받고 이의를 제기하지 않았다. 이로부터 춘추신사의 예단물목은 이에 따랐고 다음과 같다.

各色綿紬 600필, 紵布·麻布 합계 600필, 各色木棉 7,000필, 貂皮 50장, 水獺皮 200장, 靑黍皮 160장, 丹木 200근, 霜華紙 500권, 白綿紙 1,000권, 細龍席 1장, 各色菜花席 100장, 胡椒 10두, 好刀

---

158) 『인조실록』 권27 인조 10년 11월 신해.

8자루, 黃栗 10두, 大棗 10두, 乾柿子 50첩, 全鰒 10첩.[159]

이처럼 양국의 관계가 악화일로로 치닫고 있는 가운데, 1633년 3월 登州에서 명의 장수 毛有功, 孔有德, 耿仲明 등이 반란을 일으킨 뒤 전선을 이끌고 후금으로 도주한 사건은 3국의 관계에 중요한 변화를 가져왔다. 명조는 조선에 함께 토벌할 것을 요청하였다. 후금은 孔有德 등의 귀순을 맞아 그토록 원했던 함선과 수군 병력이 증강되었다. 또한 후금이 조선에 이들 귀순자들을 위한 군량을 공급해 달라고 요구하여 조선은 곤란한 지경에 빠지게 되었다.[160]

1633년(인조 11년) 이래 틈이 벌어지기 시작한 양국 관계는 걷잡을 수 없게 되었다. 후금이 갈망하던 개시무역이 끊어졌고, 춘추신사무역도 원만하게 이루어지지 않았다. 회령개시도 사실상 유명무실해졌다. 조선은 후금의 요구에 사사건건 핑계와 거절로 상대하였다. 후금은 遼西戰에서 승리를 거두는 한편, 요동 앞바다의 여러 도서의 명군의 세력들을 일소하였다. 이제 후금은 마음 놓고 조선에 대하여 강경하게 군림하는 자세를 취할 수 있었다. 1635년(인조 13년) 12월에 다시 조선에 세폐의 증액을 요구하였다.[161]

---

159) 『인조실록』 권28 인조 11년 5월 갑오.
160) 민경준, 「明・淸交替와 한중관계」, 『한중 외교관계와 조공책봉』(고구려연구재단 연구총서 08), 2005, 190－197쪽.
161) 노기식, 「만주의 흥기와 동아시아 질서의 변동」, 『중국사연구』 16, 2001, 25－30쪽.

2. 丙子胡亂과 朝·淸관계의 再編

홍타이지는 즉위 10여 년 만에 山海關 이동의 요서지방을 거의 차지하고 전 몽고를 귀속시킴으로써 대세력으로 일어날 수 있었다. 그리고 1635년(天聰 9) 9월 차하르 정벌 시에 元傳國璽를 얻고 마침내 1636년(天聰 10) 4월에 여진 버일러, 몽고 버일러 들의 추대를 받아 황제직위에 오르고 존호를 寬溫仁聖皇帝, 국호를 大淸, 연호를 崇德이라 하였다. 女眞이라는 이름도 滿洲로 바꾸었다. 그가 淸 太宗이다.

이에 앞서 1635년 12월 후금은 "여러 버일러와 蒙古 諸王 등이 다 尊號의 뜻을 勸進하는데, 조선도 동의해야 하지 않겠느냐."[162] 라는 내용을 전해 왔다. 후금의 汗이 尊號하여 황제가 될 경우 양국 관계는 교린이 아닌 사대로 발전해야 하며 그럴 경우 명·청의 황제를 동시에 모셔야 하므로 조선 조정에서는 심각하게 논의되었으나,[163] 결국에는 대청강경론 斥和論이 압도적이었고 인조는 八道에 諭를 내려 거국적 방어태세를 갖추고 항전을 다짐하였다.[164]

청 태종은 1636년 12월에 조선 정벌을 결정하고 12만 대군을 조선 출정에 파견하였다. 丙子胡亂이 일어난 것이다. 인조는 왕자와 비빈을 강화도로 피난시키고 자신은 南漢山城에서 농성하면서 팔도에 교서를 내려 근왕병을 모집하는 한편, 명에 사람을 보내어 원병을 청하였다. 그러나 당시 명조는 왕조 말기적 현상으로 流賊이

---

162) 『淸太祖實錄』 권26 天聰 9년 12월 甲辰.
163) 최소자, 앞의 책, 1997, 79쪽.
164) 청의 침입에 대비한 전쟁준비 과정에 대해서는 김종원, 앞의 책, 1999, 167–184쪽 참조.

각지에서 일어나 국외에 관심을 돌릴 여유가 없었고, 그나마 山東에서 약간의 수군을 보내려 하였으나 풍랑으로 중단되어 버렸다.[165]

나중에 강화도가 함락되어 왕실 후비와 왕자들이 포로가 되고, 기다리던 근왕병은 아무도 오지 않자 인조는 주화파의 주장을 좇아 청 태종에 항복을 청하고 한강변의 三田渡에 나아가 '城下의盟'을 맺었다. 조선은 청 태종이 제시한 다음과 같은 요구사항을 수락하였다. 구체내용은 다음과 같다.[166]

① 君臣關係를 맺을 것,
② 명의 연호를 버리고, 명과의 국교를 끊고, 명으로부터 받은 誥命冊印을 청에 바칠 것,
③ 인조의 長子와 다른 아들 하나를 인질로 삼고, 대신들도 그 아들이나 동생을 인질로 할 것,
④ 청의 正朔을 받아 사신 파견 등은 명의 舊例에 따를 것,
⑤ 對明 정벌 시 步騎舟師를 조달하여 그 수와 기일을 어기지 말 것,
⑥ 청군이 귀로에 椵島를 공략함에 있어 조선은 助銃手와 弓箭手 및 兵船 오십 척을 파견할 것,
⑦ 조선인 포로가 滿洲에서 도망해 올 경우에는 이를 돌려보낼 것,
⑧ 양국의 통혼으로 和好를 굳게 할 것,
⑨ 조선이 城寨를 구축하여서는 안 될 것,
⑩ 조선 내의 瓦爾喀 주민들을 쇄환할 것,
⑪ 조선의 일본과의 무역은 종전대로 하고, 일본의 사신을 인도하여 청에 내조하게 하며, 청은 일본과 내왕할 것이며, 東邊의 瓦爾喀으로서 일본에 도망가 있는 자와는 왕래 교역하지 말 것,
⑫ 매년 한 차례 조공을 바치되 그 품목수량은 다음과 같이 할 것. 황금 100냥, 백은 1,000냥, 水牛角 200對, 豹皮 1,000장, 虎皮 100장, 茶 1,000包, 水獺皮 400장, 淸黍皮 300

165) 노기식, 앞의 논문, 2001, 31쪽.
166) 『淸太宗實錄』 권33 崇德 2년 1월 戊辰, 『인조실록』 권34 인조 15년 1월 무진, 『승정원일기』 同日條.

장, 胡椒 10斗, 腰刀 26口, 順刀 20口, 蘇木 200斤, 大紙 1,000卷, 小紙 1,500卷, 五爪龍席 淸領, 各樣花席 40領, 白苧布 200필, 各色綿紬 2,000필, 各色細麻布 400필, 各色 細布 10,000필, 布 1,400필, 米 10,000包.

이 조약은 정묘호란의 결과에 비해 매우 구체적이고 상세한 것 이었다. 이 강압적이고 약탈적이며 불평등한 조약은 이후 청이 入 關하여 중국을 통일할 때까지의 조청관계를 규정하였다고 볼 수 있다.

병자호란을 통하여 청은 조명 간의 조공책봉관계를 조청 간의 조공책봉관계로 전환시키는 데 성공함으로써 大淸체제를 강화할 수 있었다. 청은 또한 막대한 세폐와 방물을 획득하고 개시를 강요 하여 부족한 생활물자를 안정되게 공급할 수 있었을 뿐만 아니라, 수만의 俘虜를 획득하여 부족한 노동력을 보충함으로써 유목수렵 사회에서 농경사회로의 전환을 적극적으로 추진할 수 있었다.[167]

반면 두 차례에 걸친 청군의 대규모 조선침공은 임진왜란에 비 해 기간도 짧았고 국토의 일부만이 전쟁터로 변하였기 때문에 피 해가 적은 편이나, 청군이 거쳐 간 서북지방은 약탈과 살육에 의해 황폐해졌다. 인명이나 재산상의 손실은 왜란보다 적었지만, 이념적 이고 정신적인 충격과 영향은 왜란보다 훨씬 더 컸다. 왜란은 명의 援兵으로 주자학적 명분론을 강화시켜 주었지만, 禽獸와 같은 이 적에 대해 稱臣과 事大를 강요당한 호란은 주자학적 명분론에 치 명적 타격을 가하였다.[168]

---

167) 김종원, 「初期 朝淸關係에 대한 一考察 – 丙子胡亂時의 被虜人問題를 中心으로」, 『歷史學報』 71, 1976, 535 – 559쪽.
168) 최소자, 「胡亂과 朝鮮의 對明淸關係의 變遷 – 事大交隣의 問題를 中心으로」, 『梨大

이로 말미암은 적개심에다 여진에 대한 문화적 우월감이 겹쳐서, 호란이 끝난 뒤에도 조선에서는 청에 대한 반감이 수그러들지 않았다. 병자호란이 끝난 뒤 조선 조정에서는 "부득이 出城하게 된 이유를 명에 直奏하여 待罪해야 한다."는 논의도 있었다. 즉

> "我國과 天朝(명)의 관계는 義理로 보면 君臣關係이고 은혜로 보면 父子關係와 같다. 2백 년 동안 國中에 대소사가 있으면 반드시 먼저 陳奏하였는데, 이는 자식이 아플 때는 반드시 부모를 부르는 것과 같은 것이다. 하물며 이 같은 無前의 변을 당하고서 어찌 陳奏하는 일을 늦출 수 있겠느가."[169]

또한 '城下의 盟約'을 통해 조선은 "崇德 2년 정월 30일 이전에는 明의 臣子였지만, 정월 30일 이후에는 大淸의 臣子가 될 것"[170]을 약속하였음에도 불구하고, 여전히 「大明崇禎大統曆」을 사용하였을 뿐만 아니라 『仁祖實錄』과 『承政院日記』에서는 명조의 崇禎 年號를 계속 사용하였다.[171] 1639년 元旦부터는 명조를 위해 望厥禮를 행하여, 명에 대한 충성을 계속 고집하였다.

또한 조선은 강화조약에 포함된 助兵의 의무 수행을 사실상 거부하였다. 1638년 청이 명을 공격하기에 앞서 조선의 助兵을 요구하였지만, 조선군은 의도적으로 군기를 놓쳤을 뿐만 아니라, 그 다음 해(인조 18)에 청이 錦州衛를 공략할 때 전선과 군량 수송을 요청하여 戰船 120척, 군사 6천으로 助戰케 하였지만 조선의 장수

史苑』71, 1976, 535-559쪽.

169) 『승정원일기』 권57 崇禎 10년 5월 계미.

170) 『淸太宗實錄』 권39 崇德 2년 1월 戊辰.

171) 劉家駒, 「淸初朝鮮奉明正朔考」, 『中國歷史學會史學集刊』16, 1984, 185-202쪽.

林慶業은 고의로 배를 침몰시키는 한편, 명에 사람을 보내어 청의 상황을 알려주기도 했으며, 조선의 대신 崔鳴吉은 명의 조정에 奏文을 보내어 명과 밀통하기도 하였다.[172]

강화조약의 '內外諸臣과 혼인을 맺어 和好를 굳게 한다'는 條文도 조선 군신의 완강한 저항과 교묘한 遷延으로 사실상 虛文化되었다. 그 밖에, 조선은 청 측의 강요에 못 이겨 '大臣'의 女兒를 6명 보냈으나, 사실은 養女이거나 婢子, 官妓, 그것도 8-12세의 아이를 보내어 혼인을 불가능하게 함으로써, 1641년(崇德 6)에 朝金 혼인의 停罷를 교묘하게 유도하기도 하였다.[173]

요컨대 병자호란의 결과 청과 조선은 兄弟關係에서 君臣關係로 전환함으로써 조공책봉관계가 정식으로 성립되었으나 城下之盟은 잘 지켜지지 않았다.

이처럼 조선의 조야가 明을 숭상하는 반면 淸에 대해서는 심복하지 않고 있었던 까닭에 명이 망하고 入關하기 전까지의 시기, 즉 청 태종의 재위 시기에 청은 조선에 대해 매우 위압적인 태도를 견지할 수밖에 없었다. 청은 丁丑條約에 규정된 人質, 助兵, 修城, 贖還과 刷還 등에 관한 문제를 끊임없이 제기하여 조선을 난처한 곤경에 빠뜨렸으며, 1640년과 1642년에는 두 차례에 걸쳐 瀋獄을 일으켜 조선의 반청세력을 강압적인 방법으로 숙청하기도 하였다.[174]

이 시기(1637-1644) 청의 조선에 대한 강압적인 태도는 조선과의 조공책봉관계의 실질적인 운영에도 충분히 반영되었다. 청이

---

172) 劉家駒, 「淸初徵兵朝鮮始末」, 『食貨月刊』 12-10・11・12, 1983, 382-448쪽.
173) 민경준, 앞의 논문, 2005, 198-202쪽.
174) 김한규, 앞의 책, 1999, 719-722쪽.

1637년 11월에 인조를 조선국왕으로 책봉한 후 입관 전까지 8년 동안에 청으로의 사행은 年貢과 冬至·正朝·聖節 등 4行이 모두 32차 있었다. 그동안의 사행 중에 있어서 청이 조선에 강요한 조공 품목에는 조선에서 생산되지 않는 水牛角·蘇木·胡椒 등이 포함되어 있어 '方物' 본래의 성격에도 어긋났을 뿐만 아니라 청이 강요한 공물도 최상의 것이어서 조선 궁중에 上供하는 물품보다 그 가격이 1.5-2배에 이르고 일반품에 비하면 가격 차가 4-5배에 이르렀다. 청에 의해 강요된 세폐와 방물의 총액도 엄청난 것이어서 최초의 세폐액수는 적게 평가하여도 30만 냥이 넘는 것이었다. 이는 조선 英·正祖 시기 중앙 각 관서의 연간 경상비용의 약 4분의 1에 해당하는 거액이었다. 방물의 경우, 年貢 使行이 2만 6천 냥이었고 進香行은 이보다 약간 많고 다른 사행의 방물은 약 1만 냥 정도였다. 이 기간의 방물 총액은 53.3만 냥이었고, 매년 평균은 6.7만 냥이었다.[175)]

　이 외에도 조공 사행의 노자에 대한 부담도 적지 않았지만, 그보다도 淸使에 대한 支勅(勅使 대접)이 조선의 재정에 엄청난 부담을 안겨 주었다. 勅使行 인원이 감소되고, 그 誅求가 완화된 청 후기에도 한 차례의 지칙에 소요되는 비용이 23만 냥이었으니, 그 초기에 한 차례 지칙하는 데는 약 30만 냥 이상이 소요되었음이 분명하다. 崇德 연간의 勅行數는 매년 평균 2행이 있었으니, 그 접대비용은 매년 50만 냥을 초과한 것으로 보인다. 따라서 병자호란 이후 입관까지 조선이 조공의 형식을 빌려 청에 강압적으로 착취된 경제적 피해는 무려 80만 냥을 초과한 것이 된다.[176)]

175) 전해종, 앞의 논문, 1971, 236-237쪽.

<표 5> 歲幣, 方物, 支勅 비용의 年 平均額(1637 - 1644)

歲幣	24.5萬 兩(1637, 1638년 제외)
方物	6.7 〃
支勅	50 〃
計 81.2萬 兩	

이로부터 봐도 이 시기 조청 조공책봉관계는 전통적인 궤도를 벗어난 강압적인 관계였다고 할 수 있다. 따라서 이 시기를 강압적인 조청 외교관계 시기라고도 할 수 있겠다.

3. 淸의 入關 이후 朝·淸관계의 전개

1644년 청이 入關하여 명을 대신하여 중국을 장악하게 된 뒤부터, 조선에 대한 청의 강압적 태도도 점차 완화하기 시작하였다. 원래 양차의 호란은 청의 영토적 확장보다는 조선을 굴복시킴으로써 중원에 진출할 때 後顧의 걱정거리를 없게 함과 동시에 조공을 강요하여 물질적 욕구를 충족시키려는 목적으로 일어났다. 하지만 청이 최종적 목표인 명을 멸망시키고 중원을 지배하게 된 이후에는 물질적 욕구도 중원에서 상당 부분 충족시킬 수 있게 되었기 때문에 조선에 대해 강압적으로 압박할 필요성이 크게 약화되었다. 따라서 청이 입관한 뒤부터 조청관계는 점차 전통적인 조공책봉관계로 변화되었다.

---

176) 전해종, 앞의 논문, 1971, 238쪽, 張存武, 『淸韓宗藩貿易(1637 - 1894)』, 臺北: 中央研究院研究所, 1978, 14쪽 참조.

청은 우선 瀋陽에 인질로 잡아 두었던 昭顯世子와 鳳林大君을 귀국시켰다. 1654년과 1658년, 두 차례에 걸쳐 러시아세력이 요동 북부를 침공하였을 때 조선이 청의 요청을 받아들여 鳥銃兵 수백 명을 보내어 朝淸 연합군을 형성, 러시아군을 격퇴한 바 있었지만, 청 측의 청병이 강압적인 것은 아니었다.

歲幣의 액수도 누차 감소되었다. 청은 1645년부터 1728년 사이에 8차에 걸쳐 세폐 액을 감소시켰다. 1645년에는 茶와 布가 감면되어 약 6만여 냥이 감액되었고, 1647년에는 약 4만 냥이 감액되었다. 1728년에 정해진 세폐이 액수는 錢 8만 냥으로 조기 세폐액의 4분의 1이었고 入關 초(1644) 세폐액의 2분의 1이었으며, 이때 정해진 세폐액이 조청 간의 조공책봉관계가 붕괴된 1894년까지 1세기 반 이상 계속 유지되었다.[177]

구체적인 예를 들어, 세조가 즉위하면서(1644) 청은 칙서를 보내 歲貢 중에서 매년 공물 중, 붉은 명주와 녹색명주 각 50필, 흰 명주 5백 필, 모시실 2백 필, 베 2백 필, 허리칼 6자루, 용문석(龍蓆) 2장, 화문석(花蓆) 20장을 감면하였다.[178] 1644년(順治 원년) 11월에 歲貢 중에서 蘇木 2백 근, 차 10포, 명주 천 필, 각종 색깔의 細布 5천 필, 베 4백 필, 거친 베 2천 필, 順刀 10자루, 칼 10자루 등을 감해 주었다. 또 원단·동지·만수절의 축하 공물은 오고 가는 길이 멀기 때문에 정조의 사행이 올 때 함께 부쳐 진상토록 하고, 이를 法令으로 확정했다.[179] 1646년(順治 3) 10월에 청은 공물

---

177) 김한규, 앞의 책, 1999, 726쪽.
178) 趙爾巽 等 纂修, 『淸史稿』(瀋陽印本, 1928, 이하 淸史稿로 약칭함) 권26 朝鮮傳12.
179) 『淸史稿』 권26 朝鮮傳13.

중 쌀을 면제해 주었다.[180] 또 1693년(康熙 32) 정월에 공물 중 황금 1백 냥과 남청홍 목면이 감면되었고,[181] 1711년(康熙 50) 10월에는 붉은 표범 가죽 1백 42장이 감해졌다.[182] 1677년(康熙 36) 11월에는 조선이 식량난을 해결하기 위해 中江에서 무역을 요청하자 청은 이를 승낙하였고, 이듬해 정월에는 쌀 3만 석을 조선에 보내 1만 석은 어려운 사람 구휼에 쓰게 했고 나머지 2만 석은 쌀값 안정에 사용하게 하였다.[183] 청이 조선의 구제에도 신경을 쓰게 된 것이었다. 이는 朝淸 관계도 朝明 관계와 마찬가지로 점차 사대자소의 관계로 변모하고 있음을 보여주는 것이다.[184] 그 밖에 1723년(擁正 원년) 7월에 공물 중 베 8백 필, 수달피 1백 장, 靑黍 가죽 3백 장, 종이 2천 권이 감해졌다.[185]

이 시기에는 조선이 청에 보낸 謝恩의 方物을 청이 조선에 다시 '發回', 즉 반환(실제로는 '移准', 즉 유치해 두었다가 다음 번 使行의 방물 액수에 충당하였다)하는 사례도 적지 않았다. 1637 – 1874년 사이에 조선이 청에 보낸 使行의 수는 兼帶를 합하여 모두 870行이었는데, 그 가운데서 謝恩行이 305행이었고 그 방물의 가치만도 모두 300만 냥이 넘었는데, 1672년부터는 대부분의 사은 방물이 發會, 移准되었다. 청이 조선에 보낸 勅使行의 횟수도 연평균 1.3행으로 줄어들었으며 칙사행의 인원수도 감원되었고 칙사

---

180) 『淸史稿』 권26 朝鮮傳14.
181) 『淸史稿』 권26 朝鮮傳15.
182) 『淸史稿』 권26 朝鮮傳17.
183) 『淸史稿』 권26 朝鮮傳16.
184) 최동희, 앞의 논문, 2002, 16쪽.
185) 『淸史稿』 권26 朝鮮傳18.

행에 대한 조선 측 예물의 품목과 액수도 반감되었다.

특히 乾隆年間 이후 조청 양국 관계는 큰 변동 없이 지속되었다. 즉 1736년부터 1875년까지 139년 동안 歲幣와 方物의 품목은 변동이 없었으며, 그 액수도 약 8만 냥 정도로 유지되었다. 이 기간에 勅使行의 수는 41행으로 연평균 0.3행에 지나지 않았고, 조선이 청에 보낸 사행은 兼帶를 합하여 470행으로 연평균 3.4행이었다. 이 시기 朝貢을 위해 조선 측이 부담한 매년 평균액은 歲幣가 8만 냥, 方物이 5.1만 냥, 支勅이 6.9만 냥으로 총계 20만 냥으로 계산된다. 이 액수는 입관 전 액수의 4분의 1이고 입관 이후 1735년까지 기간의 반액에 해당하니, 1세기 반 동안이나 큰 변동이 없이 조공의 관행이 유지된 까닭이 여기에 있었다.

이와 같이 청의 入關 이후의 조청관계는 조명관계처럼 점차 전형적 조공책봉관계로 복구되었다.

조청 조공책봉관계의 전개에 대한 고찰에 있어서 먼저 강조하고 싶은 것은, 封典과 그 밖의 의례적 관계는 복잡한 형식으로 계속되었으나, 冊封에서는 적극적인 간섭을 한 적이 없었다는 점이다. 조청 양국이 형식적으로는 藩屬國과 宗主國이었지만, 실제로는 청이 조선의 내정을 간섭한 경우가 거의 없었다. 그럼에도 불구하고 조청 양국 간에 조공책봉관계가 장기간 유지된 까닭은 이를 통해 관계되는 쌍방의 지배자들이 상호 간의 권력 유지를 보장받을 수 있었기 때문이다.[186]

그리고 명과의 관계와 마찬가지로 청과의 관계에 있어서도, 조선은 조공의 행사를 통해 막대한 재정적 손실을 감내하지 않으면 안

---

186) 전해종, 앞의 논문, 1971, 238 - 242쪽.

되었고, 청 측에서도 입관 이후에는 조공을 통한 경제적 이익은 기대하지 않았다. 이 시기에도 朝貢使行이라는 특수한 창구를 통해 조청 간에 문화교류가 이루어진 것은 사실이지만, 조공책봉제도의 특징상 기본적으로 정치적 요소에 비해 문화적 요소가 차등적 위치에 처했기에 문화의 전파와 교류도 많은 제약을 받았다고 할 수 있겠다. 따라서 조청 조공책봉관계의 의의도 경제적·문화적인 측면에서 찾을 것이 아니라, 정치·외교적 측면에서 찾아야 할 것이다.

앞에서도 보다시피, 중국의 조공책봉제도는 명대에 이르러 제도적으로 정비·확립되었으며, 청대에 이르러 더욱 전형화된 조공책봉제도가 활용되었다. 따라서 조청 조공책봉관계도 근본적으로 사행의 기능에 의해 유지되었다. 바꾸어 말해, 조청 조공책봉관계의 전개를 고찰하기 위해서는 양국 간에 이루어진 사행 내왕에 중점을 두고 살펴볼 필요가 있다는 것이다.

이를 위해서는 먼저 조청 양국의 대외정책을 잠깐 살펴보도록 하자. 앞에서도 보다시피, 청은 명에 비해서도 보다 대외적인 폐쇄정책을 실시하였다. 청은 상민들의 대외무역을 엄격하게 제한하였고, 외국상인들의 입국도 마찬가지였다. 조선 역시 대외적인 폐쇄정책을 추진하였다. 따라서 조선과 청의 관계에 있어서 국경을 넘은 자유로운 교역이란 있을 수 없었다. 조선과 청은 모두 월경해서 허가 없이 교역하는 자들에 대해 엄격했다. 淸史의 기록을 보면, 조청 변경지역에서의 밀무역을 조선과 청이 모두 막고 있음이 잘 나타나 있다.

"1808년(嘉慶 12) 11월에 조선의 의주 상인 白大鉉과 李時汴이

몰래 쌀을 운송하여 庄子島에 이르러 변경 백성인 주 씨, 장 씨와 사사로이 교역하였다. 왕이 백대현 등을 감금시키고 지방관을 면직시켰고, 화폐와 동철 등의 물품을 거두어들여 올려 보냈다. ……변경에 연한 곳의 벼슬아치들을 독려하고 타일러 주씨와 장씨 두 성씨를 엄히 색출하여 잡아들일 것이며, 방비를 소홀히 한 내지의 관원들을 조사하고 밝혀내 엄히 징계하여 처리토록 하였다. ……"[187]

1875년(咸豊 2)과 4년에도 다음과 같은 기록이 나온다.

"……제께서 성경의 장군과 바다가 연해 있는 지역의 督務들에게 타일러 훈계하기를, 내지 백성외 선박이 조신에 이르러 고기 잡는 것을 엄히 금지하게 하였다. ……4년에 조선 사람 張詹吉이 사사로이 경사에 오니 제께서 명을 내리고 송치하여 그 나라에 건네주고 조사하여 처리토록 하였다. ……"[188]

이상의 내용들은 조청 양국의 대외폐쇄정책을 단적으로 나타내고 있다.

그럼 조선과 청의 관계는 어떻게 전개되었을까? 그 관계는 제한적인 공식적 관계로서 곧 사행을 통한 조공책봉관계였다. 즉 조청 조공책봉관계가 정식으로 성립된 후, 조선의 입장에서는 주로 연경사행(대청사행)으로 구체화되었고[189] 청의 입장에서는 勅行으로 구체화되었다고 할 수 있겠다.

따라서 아래에 구체적으로 사행의 내왕, 특히 조선의 연경사행을 중심으로 조선과 청의 조공책봉관계의 전개를 살펴보고자 한다.

---

187) 『清史稿』 권26 朝鮮傳27.
188) 『清史稿』 권26 朝鮮傳30.
189) 최동희, 앞의 논문, 2002, 23쪽.

우선 사신 파견 횟수의 면에서 본다면 조선이 청보다 훨씬 많았다. 청은 1645년부터 1880년까지 236년 동안에 151회로서 연평균 0.64회의 사신을 파견하였다. 조선은 230년 동안에 매년 평균 2.6차례의 사신을 청에 파견하였다.[190] 청에 비해 조선의 사신 파견 횟수가 많은 이유는 무엇일까? 이에 대해 최동희는 "우선 그것은 약소국과 강대국과의 관계에 있어서 약소국이 강대국으로부터 더 많은 것을 필요로 했었기 때문이었다고 할 수 있겠다. 문물이 다양하고 풍족한 지역으로 사람들이 접근해 가려는 것은 자연적인 현상이었을 것이다."[191]고 분석하고 있다. 본고 역시 이 관점에 동조한다.

조선의 赴燕使行은 정기사행과 임시사행으로 구분되었다. 정기사행은 三節年貢行과 皇曆責咨行으로 나뉘었는데, 三節年貢行은 소위 冬至行으로서 음력 11월에 출발해서 다음 해 4월에 귀국하였고 皇曆責咨行은 曆行으로서 음력 8월에 출발해서 12월에 귀국하였다. 임시사행은 謝恩行, 進賀行, 陳奏行, 奏請行, 陳慰行, 進香行, 告訃行, 問安行, 參覈行, 卞誣行 등이 있었다. 삼절년공행은 호란 후 瀋陽에 파견하던 三節行(동지, 정조, 성절)과 年貢行을 1645년부터 통합한 것이었다. 황력책자행은 청의 시헌력을 받아오기 위한 것으로 1660년(현종 1)부터 파견되었다.[192]

정기 또는 임시 사행의 구성은 三使·譯官 등을 포함한 正官과 그들에 딸린 각종 馬夫·奴子 등으로 나눌 수 있다. 正官의 인원

190) 김한규, 『한중관계사』Ⅱ, 아르케, 1999, 728쪽.
191) 최동희, 앞의 논문, 2002, 24쪽.
192) 李哲成, 『朝鮮後期 對淸貿易史 硏究』, 國學資料院, 2000, 44−45쪽.

수는 三使(正使, 副使, 書狀官)를 갖춘 경우 30명으로 제한하고 있었으나, 동지행의 경우에는 35명에 이르렀다. 마부·노자까지 합치면 220여 명에, 말도 200여 필에 달했다고 한다. 나중에 사행인원의 증가 추세는 시기가 갈수록 심해져, 1798년(정조 22)에는 員役이하 인원만도 330명에 말 249필이 압록강을 건넜다고 한다.[193] 曆行은 동지행에 비해 인원수나 馬匹 수가 적었지만, 무역규모 또한 작지 않았다. 역행의 경우에도 청국의 수레를 빌려, 한 수레당 수만금에 이르는 물화를 책문까지 실어 날랐다고 한다.[194] 임시사행의 경우두 마찬가지로 할발한 교역이 이루어졌나.

正使는 顯官이나 王室宗親으로 충당하였고 副使와 書狀官은 반드시 저명한 文學之士를 임명하였다. 특히 서장관은 사절단의 秘書長과 같은 신분이어서, 견문한 바를 기록하고 보고서를 기초하였을 뿐만 아니라 일행을 規査하여 司憲府 관헌의 기능도 겸하였다. 康熙 연간 이후에는 조선의 고관 자제나 문인 學士들이 正官의 이름을 빌려 사절단에 참여함으로써 중국을 유람하고 중국 인사들과 교제할 수 있는 기회를 얻었으며 혹은 상인들이 僕從들 틈에 끼어들기도 하였다.

조선 사절단이 경유한 길, 즉 '貢路'는 청초에는 遼陽을 거쳐 盛京에 이르렀지만, 청이 입관한 뒤에는 길을 바꾸어 海州와 牛莊, 廣寧, 山海關을 거쳐 北京에 이르렀다. 貢路는 명대에 해로와 육로가 있었으나 청대에 육로로 통일되었으며, 그 육로는 서울 - 평양 - 義州 - 鴨綠江 - 鳳凰城 - 連山關 - 요동 - 심양 - 廣寧 - 沙河 - 산

---

193) 李哲成, 『朝鮮後期 對淸貿易史 研究』, 國學資料院, 2000, 45쪽.
194) 『戊午燕行錄』 권1 戊午年 11월 25일條(『연행록선집』 Ⅶ, 경인문화사, 1976, 49쪽).

해관-通州-북경이 일반적인 코스다. 이 총거리는 3,100리이며 서울에서 북경까지 약 40-60일이 소요되었다. 귀로는 대개 50일의 여정이었으며 북경 체류 한 달을 합하여 보통 총 5-6개월이 소요되었다.[195)

사행이 청의 경내로 들어가면 청 禮部의 通官(衙譯) 1인과 鳳城 旗下兵職인 迎送官(章京) 1인이 甲軍과 民兵 40여 인을 데리고 나와서 맞이하고 鳳凰城에서 요양, 심양, 광녕, 錦州衛, 산해관, 북경까지 차례로 교대하면서 護行하였다. 사행이 심양에 도착하면, 城外의 館所에서 유숙한 다음 禮部咨文에 수록된 품목 수에 맞춰 폐물을 奉天府의 戶部에 분납하고, 나머지 歲幣와 方物은 청의 押物章京에게 모두 교부하여 북경으로 운반하였다.[196)

북경의 조선사절단 숙소는 원래 玉河橋上의 玉河館이었는데, 그 뒤에 러시아의 사절단이 함께 사용하다가 正陽門內 東城墻下 乾魚胡同에 새로 朝鮮館(會同館 南館)을 따로 지어 사용하였으며, 南館이 불타 없어진 뒤에는 西館을 이용하였다. 청의 禮部에서는 郎官 1인을 회동관에 파견하여 조선 사신들을 접대하게 하였다. 이들은 매 5일마다 사신 일행에게 규정된 饌料를 지급하였고, 開市를 掛榜 告示하여 館內 무역을 허락, 監護하였다.[197) 會同館開市는 上馬宴이 끝나고 예부가 불공정 거래자와 潛賣者 및 史書, 兵

---

195) 중국에서의 연행로는 다소 변화가 있었지만, 1679년 이후 다음과 같이 정착되었다. 柵門→鳳凰城→鎭夷堡→連山關→咶水站→遼東→奉天→孤家子→白旗堡→小黑山→廣寧→小凌河→山海關→深河驛→永平府→豊潤縣→玉田縣→薊州→通州→北京 (세종대왕기념사업회, 『통문관지』 권3. 1998, 事大 中原進貢路程).

196) 柳承宙, 「朝鮮後期 朝淸貿易小考」, 『국사관논총』 30, 1991, 218-222쪽.

197) 烟地正憲, 「關於淸朝與李氏朝鮮的朝貢貿易」, 『東北地方史研究』 3. 1987, 38-43쪽.

器 등 禁物 매매자에 대한 처벌 규정을 회동관 벽에 고시한 뒤에 시작되었다. 고시 후에 북경의 각 鋪商人들이 화물을 싣고 회동관에 들어오면, 예부가 파견한 감시관의 감독하에 조선의 譯商들과 무역이 이루어졌다. 사행이 귀국길에 오를 때는 반드시 行中에서 무역품의 包數를 기록하여 衙門에 내면, 아문에서 수를 헤아려 방출함과 동시에 예부에 보고하여 산해관과 봉황성에 통보, 연도의 무역을 防禁토록 하였다. 사신들은 북경에서 鴻臚寺의 演儀와 朝會, 下馬宴과 上馬宴 등에 참여하고 表咨文과 方物歲幣를 呈納하며 回賜와 賞賜를 받는 등의 제반 使事를 끝낸 뒤에, 회동관개시에 참여하기도 하고 때때로 각처를 유람하기도 하였다.[198]

특히 공식 사신(正使·副使·書狀官)이 아닌 비공식적인 사행수행원(고관의 자제, 문인학사 등 포함)들은 사신들에 비해 견문에 별다른 제약이 없었고 공무의 책임도 없었기 때문에 상대적으로 견문의 범위가 넓었다. 뿐만 아니라 귀국 후 공식 보고의 책임도 없었으므로 그들의 대부분은 견문과 교제의 상황을 상세하고 자유롭게 기록하여, 귀국한 뒤에 『燕行錄』 혹은 『燕行記』라는 이름으로 출간하였다. 연행록은 당시 조선사행원들의 대청인식을 추이하는 데 있어서는 신빙도가 아주 높은 자료적 성격을 가지고 있다.[199] 이 밖에 사신과 수석 譯官들도 견문한 중요 사건을 귀국한 뒤에 국왕에게 보고하였는데, 사신의 보고는 『見聞事件』이라 하고 역관의 보고는 『譯官手本』이라 하였다. 『同文彙考補編』(권1-6)에 의

---

198) 회동관에 머물면서 참가하는 청의 각종 의식에 관한 규정사항은 『통문관지』 권3 事大(上) 153-180쪽 참조.

199) 연행록 및 조선사행원의 대청인식의 추이에 관해서는 졸고, 「연행록과 조선사행원의 대청인식 소고-연행록선집을 중심으로-」, 『강원사학』 21, 2006 참조.

하면 청초부터 光緒 초년까지 이러한 종류의 奏報는 모두 370건에 이르렀다고 한다.[200]

조선국왕이 파견한 冬至使行의 주된 임무는 歲幣와 方物을 대신 進獻하는 것이었다. 방물은 황제와 황후, 황태후, 황태자 개인에게 각기 따로 보내는 공물로서, 苧布·綿紬·각종 花席·白綿紙 등으로 구성하였는데, 동지사의 경우 冬至·正朝·聖節 등 3節의 방물을 겸하여 가져갔다. 조선의 사신으로부터 방물을 전해 받은 청의 황제는 답례로 조선의 국왕과 사신에게 回賜品을 증여하였는데, 그 액수나 품목은 조선에서 보낸 것에 비해 현저히 적었다. 冬至 및 年公使일 경우, 국왕에게 綠緞 5表裏와 貂皮 100張, 內粧緞과 雲緞을 각 4필로 보냈고, 正朝使와 聖節使에 대해서는 각기 鞍馬 1필이 첨가되었을 뿐이다. 이 4節의 품목 가치를 합하면 4,100냥어치 정도였다. 使行員에 대한 증여는 동지사 경우 大小의 緞紬가 107필, 銀 3,100냥, 黃娟 28필, 靑布 192필 등으로서 그 가치는 14,000냥 정도였으며, 다른 使行의 경우에는 그 4분의 1 정도여서, 이를 모두 합하여도 연평균 4만 냥에 이르지 못하였다.

이 외에도 청 측은 조선 사행의 路費와 체재비를 부담하였지만, 조선 측이 朝貢으로 인해 입은 재정적 손실과 비교하면 현저한 차이가 있었다. 세폐와 방물을 바치는 일 외에 조선 측 사행의 임무는 그 명칭이 나타내는 바와 같이 여러 가지가 있었다. 그중에서도 가장 중요한 것은 국왕의 嗣位와 왕세자 및 왕비의 冊立을 請許받는 일이었지만, 실제에 있어서는 매우 형식적인 관행에 지나지 않

---

200) 張存武,「淸代中國對朝鮮文化之影響」,『中央硏究院近代史硏究所集刊』4, 1974, 553－554쪽.

았다. 그 외에도 청 황실의 慶弔事나 淸帝의 巡狩를 문안하거나 조선왕실의 경조사를 보고하는 등의 의례적인 경우가 많았다. 또한 청 측의 호의에 대한 謝恩과 그 譴責에 대한 陳奏를 위해 사신이 파견되기도 했다. 청 측의 勅使는 조선왕실의 경조나 청 측의 요구가 있을 때 파견되었다.[201]

사행의 공식적·표면적 임무는 당연히 정치·외교적인 것이었지만, 비공식적·실질적 임무의 하나로 교역도 포함되어 있었다.[202] 공적 측면에서 본다면 赴燕使行은 朝貢과 回賜 형식에 의한 물물교환의 공무역적 기능을 맡아 왔으며, 한편으로는 궁중에서 소요되는 물품의 구득수단으로 활용되기도 했다.[203] 이 외에도 공인되지 않은 무역, 즉 밀무역의 기회로서 會同館後市와 柵門後市, 團練使後市 등이 있었는데,[204] 이는 조청 조공책봉관계라는 체제하에서 이루어진 것이 아니기 때문에 본서에서는 생략하고자 한다.

상술한 조청 양국 사행 내왕, 특히 조선의 부연사행에 대한 고찰을 토대로 여기에서 한 가지 명확히 해야 할 문제가 있다면, 바로 조선이 대청사행을 수 세기 동안 지속적으로 행할 수 있었던 원인은 무엇일까 하는 점이다. 즉 대청사행에 있어서 그것이 싫고 굴욕적인 것이었다면 장구한 세월 결코 유지될 수 없었을 것이다.

따라서 조선의 대청 조공사행의 이유를 아래와 같은 몇 가지로 요약해 볼 수 있다고 본다. 하나는 정치, 군사적인 이유일 것이다.

---

201) 김한규, 앞의 책, 1999, 731 - 732쪽.
202) 김성칠은 일찍이 "소위 朝貢은 중국 이념에서 출발한 무역의 한 형태이며 쌍무적인 公貿易 활동이다."라고 지적한 바 있다(김성칠, 「燕行小考」, 『歷史學報』 12, 1960, 75쪽).
203) 李元淳, 「赴燕使行의 經濟的 一考－私貿易活動을 中心으로－」, 『歷史敎育』 7, 1963, 110쪽.
204) 전해종, 「女眞族의 侵寇」, 『한국사』 12, 1977, 347 - 351쪽.

이미 앞에서 언급한 바와 같이 조선은 양대 호란을 겪고 힘에 의해 청과의 군신관계를 맺었다. 오랑캐를 상국으로 모시게 된 조선은 소중화로서의 자존심을 현실적인 힘의 논리에 의해 짓밟히는 엄청난 수모를 당하게 되었다. 조선은 한때 북벌론을 주장하면서 짓밟힌 문화국의 이미지를 되살리려 노력하는 한편, 해마다 조공사신을 청에 보내 현상유지를 도모하지 않으면 안 되었다. 즉 초기에는 정치적·군사적인 강압적 요소가 상대적으로 큰 비중을 차지하였을 것이다. 그러나 세월이 지나면서 특히 18세기 중엽 이후 청이 오랑캐로서의 이미지가 약화되고 중국의 정통문화를 대표하는 모습으로 새롭게 등장되었다. 따라서 조선도 이전에 받은 수모와 굴욕감이 점차 약화되기 시작했고, 청을 문화적인 면에서도 중국의 대변자로 인식하기에 이르렀다. 이렇게 되면서 조선의 대청사행은 단순히 청에 복종한다는 연중행사가 아닌 그 이상의 의미를 지닌 것이 되게 되었다고 볼 수 있다.

다른 하나는 대청사행은 다양하고 풍부한 문물을 보유하고 있었던 청과의 교역을 여는 길이었다. 이미 앞에서 언급한 바와 같이 청은 대외적으로 극히 폐쇄적인 정책을 유지해 왔었기 때문에 조공사행 이외의 방법으로는 청과의 교역이 사실상 어려웠다. 따라서 조선은 부연사행이라는 합법적 수단을 통해서 청과의 교역의 길을 열었다.

사행에 있어서 교역은 주로 역관들이 담당하였는데, 역관 한 사람이 동원할 수 있는 무역자금은 상당 액수에 달했다고 한다. 당시 사행들의 청과의 무역규모를 살펴본다면, 보통 정관 30명으로 구성된 사절단은 6만에서 7만 냥 정도의 은을 교역에 사용할 수 있었다. 예를 들어 1787년의 동지사행의 경우, 83,250냥의 은 중에서 8,701냥을 공무역에 썼고, 73,716냥을 모두 사무역에 사용했다고 한다.[205] 통문관지에 따르면 八包를 포함해서 청의 後市에서 사용되는 은화가 매년 5, 6십만 냥에 달했다고 한다.[206] 18세기 중엽까지 조선은 청과 일본과의 중개무역으로도 큰 이득을 봤다. 19세기에는 청과의 홍삼 무역이 국가 재정에도 큰 도움을 주었다. 예를 들어, 1847년(헌종 13)의 홍삼 무역량은 40,000근으로서 총 세액은 20만 냥에 달했다고 한다.[207]

그 밖에 대청사행은 문화 수입의 수요 통로이기도 하였다. 조선시대 중국 본의 서적들은 거의 모두 연경사행을 통해 구입한 것이었다. 규장각이 1776년(정조 즉위년)에 설립되면서 청으로부터의 도서 구입이 더욱 활성화되었다. 규장각의 검서관이 직접 연경사행에 동행해서 필요한 서적들을 구입하고 또 신간 서적들에 대한 정보도 입수하였다. 그 외 조선사행원들은 琉璃廠 서점들을 돌아다니며 많은 희귀본들과 청에서 금하는 서적까지도 구입하였다. 그리고 청에서의 조선의 도서 구입은 필요한 분야별로 미리 도서목록을 작성해서 계획적으로 구입했다고 한다. 사실 규장각 설립 이전에도 조선은 다량의 도서들을 구입해 왔었다. 1720년(숙종 46)에 무려 52종 1,415권이 수입되었고, 1732년(영조 8)에는 19종 400권이 수입되었다.[208]

위와 같은 논술을 통해 알 수 있듯이, 입관 전 청이 조선에 대하

---

205) 전해종, 『韓中關係史 研究』, 일조각, 1970, 100 - 102쪽.
206) 『통문관지』 권2, 숙종 38년 임진.
207) 李哲成, 『朝鮮後期 對淸貿易史 研究』, 國學資料院, 2000, 153쪽.
208) 최동희, 「조선과 청의 조공관계 연구」, 『韓國政治外交史論叢』 24 - 1, 2002, 24 - 25쪽.

여 고압적이고 간섭적이었던 데 비해, 입관 후 청은 조선에 대하여 호혜적이고 불간섭적인 태도를 지향하였다.

청은 명과는 달리 조선국왕의 즉위 과정에 대해 일체 간여하지 아니함으로써, 冊封의 실질적 의미를 철저하게 제거하였다. 즉 청의 조선에 대한 책봉은 보다 많은 면에서 의례적이고 형식적이었다. 오히려 조청 간의 외교적 현안들은 대부분 조선 측에 의해 제기되었고, 청 측은 가능한 한 문제를 확대시키지 않으려는 소극적인 태도를 견지하였다. 구체적으로 보면, 조선은 중국에서 간행된 서적 가운데 조선 측에 불리한 기사가 발견되면 즉각 청 측에 수정을 요구하였다. 이에 대해 청은 예외 없이 조선 측의 요구를 기꺼이 수용하는 성의를 보여주었다. 예를 들어 1676년(숙종 2)에 『明十六朝紀』라는 청의 사찬서에 '인조반정'이 簒奪로 기록되어 있음을 발견하고, 청 측에 그 辨正을 요구함과 동시에 현재 撰修 중인 『明史』朝鮮傳에 '反正'으로 명시해 줄 것을 요청하였고, 청은 이에 대해 변정과 '反正' 명시는 물론이고 『明史』가 완성되면 그 조선전만을 조선에 먼저 頒示해 줄 것을 약속하였고, 이 약속은 실제로 이행되었다.[209]

---

209) 김한규, 앞의 책, 1999, 734 - 742쪽.

IV 朝·清
조공책봉관계의 동요

1. 개항 전후 朝・淸관계의 특성에 대한 국제적 논의

17세기 이래 조・청 양국 간의 외교는 전통적 조공책봉관계[210]에 기초하여 수립 전개되어 왔고 이러한 상황은 1876년에 朝日修好條規(강화도조약)가 체결될 때까지는 큰 변화 없이 유지되었다.

1868년(明治 1 고종 5) 12월 일본이 王政復古의 顚末을 東萊府使를 통해 조선에 통보하고 통교 수복을 요청하였을 때, 조선 정부는 일본의 서계 중에 중국 獨有의 존칭으로 간주되어 온 '皇', '勅' 등의 문자가 있음을 이유로 국서의 수리를 거부했다.[211] 즉 이치상으로는 조선이 청에 稱臣하였기 때문에 '人臣無外交義'의 원칙에 따라 모든 외교안건은 일일이 淸의 禮部에 올려 皇帝의 勅裁를 받은 뒤에 시행해야 했다. 여기에서 한 가지 언급하자면, 朝日 간

---

210) 기존 학계에서 조・청관계를 지칭하여 '전통적'이라는 용어를 사용하는 경우가 종종 있는 반면, 이 용어 자체에 대해서는 통일적인 규정이 없다. 본고에서는 조・청관계의 특성, 즉 비록 조선이 청의 번속국이라 하지만 실제적으로 내정과 외교에 있어서는 자주라는 점에 주목하면서, 이러한 형식적이고 의례적인 관계를 전통적 조공책봉관계라고 부르고자 한다. 따라서 청의 건국 후부터 입관 전까지의 조・청관계를 강압적인 조공책봉관계라고 볼 수 있겠다.

211) 『日本外交文書』(日本外務省編, 1950. 다음부터는 日本外交文書로 약칭함) 권1, 573 – 574쪽(245, 246 文書), 692 – 697쪽(706 文書).

의 교린관계 처리에 있어서 청은 명의 외교관습을 이어 왔고 조선의 奏請에 대해 종래로 저지한 적이 없었다는 것이다.[212) 아울러 조선으로서는 사전에 淸帝의 윤허를 받아야 했지만 이때까지만 해도 조선국왕은 交隣의 일체 외교는 일단 스스로 판단하여 실행한 후에 청 예부에 보고하는 형식을 취해 왔다. 이것은 조선이 비록 청의 번속국이라 하지만 실제상에 있어서는 자주적인 외교 권한을 가졌다는 것을 말하는 것이다.

다시 말해, 대원군 집정기까지는 定例 사신의 왕래가 있었을 뿐 청은 조선의 內治外交에 不干涉主義를 지켜왔고, 양국 간의 조공 책봉관계의 성격에 대한 구체적인 표현은 표명된 바 없었다.

한편으로 아편전쟁, 특히 1860년 北京條約의 체결은 청의 중국 지배를 근본적으로 흔들었다.[213) 뿐만 아니라 중국과 일본의 문호를 군함으로 열어 제친 서구열강이 조선에 대해서도 관심을 갖게 된 뒤부터는 조청 간에 근 2백 년간 유지되어 온 전통적 관계의 성격 자체가 국제사회에서 심각한 논란의 대상이 되었다.

사실상 전통적 조청관계의 특성에 관한 논란의 발단은 아편전쟁 이전부터 나타나기 시작하였다. 1832년 7월 영국의 동인도회사가 암허스트(Amherst) 卿을 전라도 연안 古代島 安港에 파견하여 조

---

212) 宋慧娟, 『淸代中朝宗藩關係嬗變研究』, 吉林大學出版社, 2007, 96쪽.

213) 청의 통치지위의 근본적인 동요시한에 대해 주로 두 가지 설이 있는데, 하나는 1858년 天津條約의 체결, 다른 하나는 1860년 北京條約의 체결을 그 분계시점으로 보고 있다. 전자 주장의 대표적인 예로, 페어뱅크는 『美國與中國』(北京大學出版社, 1986, 153쪽)에서 天津條約의 체결이 청의 근대적 조약체계 성립의 시점이라는 것을 그 이유로 들고 있다. 이에 반해 본고는 후자의 주장에 동조한다. 그 이유라면, 북경조약 이후에 이르러서야 청이 동아시아 종주국이라는 명분을 버리고 서구열강의 위협에 근본적으로 屈從하여 서구 외교관념 및 체제를 받아들이기 시작했다는 것이다. 그리고 이러한 서구 외교제도에 적응하기 위해 청은 그 이듬해 總理各國事務衙門이라는 외교기구도 설치하였다.

선과 통상조약을 체결하려 하였을 때, 조선정부와 청의 예부는 함께 조선이 조공국이기 때문에 통상할 수 없다고 선언하였다.[214] 1845년에 영국 군함 사마랑호(the Samarang)가 제주도 거문도를 비롯한 조선 해안을 측정하면서 무역을 요구하였을 때, 조선은 영국과 직접 협상하지 않고 청에 그 사실을 통고하였다. 이에 청 측에서는 "조공국은 청의 일부가 아니므로 청이 조선에게 타국과의 통상을 강요할 수 없다. 그러나 조공국은 독립국이 아니므로 스스로 통상을 시도할 수도 없다. 여하튼 조선은 너무나 가난하여 조선과의 무역은 아무런 이익이 없을 것이나."라고 영국 측에 설명하였다.[215]

조청 조공책봉관계의 성격에 대하여 청이 그 입장을 처음으로 표명한 것은 丙寅天主教迫害와 그로 인한 丙寅洋擾사건 당시였다. 1866년(고종 3)에 조선에서 프랑스 선교사 살육사건이 발생하였을 때, 駐淸佛國臨時代理公使 벨로네(Henri de Bellonet)가 청의 總理各國事務衙門에 照會를 보내 프랑스 선교사의 路條(旅券) 발급을 요청한 데 대하여 청 측이 "조선은 중국의 屬邦이나 그 內治外交는 自主에 맡겨 干涉하지 않는다."고 표명하였다. 이에 프랑스는 청이 조선에 대하여 아무런 권리가 없는 것으로 간주하여 "그러면 이제 프랑스가 조선을 정벌하여 조선국왕을 폐하고 프랑스 황제의 칙명으로 다른 자를 국왕으로 冊立하는 일이 있더라도, 중국은 이의를 제기하지 못한다."[216]고 응수하면서, 7척의 함선을 보내어 조선의 강화도를 공격한 적도 있었다.

---

214) 『淸宣宗實錄』 권447, 宣宗 27년 9월 乙巳.

215) 김한규, 『한중관계사』 II. 아르케, 1999, 821 - 822쪽.

216) 『同治朝籌辦夷務始末』(寶鋆 纂修, 北京: 故宮博物院, 1930, 이하 同治朝籌辦夷務 始末로 약칭함) 권42 法國照會 同治 5년 5월 甲寅.

이와 같은 청의 태도 표명은 辛未洋擾 때에도 역시 마찬가지였다. 1871년(고종 8)에 미국 상선 제너럴 셔먼(General Sherman)호가 대동강에서 燒沈된 사건과 관련하여 駐淸美國特命全權公使 로우(Frederick F. Low)가 조선과의 교섭을 알선해 줄 것을 청에 요청하였을 때도, 청의 總理各國事務衙門은 이를 수락하는 咨文에서 "조선이 비록 屬國이기는 하지만 일체의 政敎와 禁令이 모두 該國의 主持로 발하여질 뿐, 중국은 간섭하지 않는다."(朝鮮雖中國屬國然其政敎禁令 中國向來 聽其自爲主持)라는 文句를 삽입하여 內治外交에의 不干涉을 시인하였다. 그러나 로우 公使는 본 咨文을 통하여 조청 관계에 대해 "조선은 중국의 屬邦이지만 行政・宗敎・外交에 관해서는 조선국왕에게 獨斷專行의 권한이 있다."[217] 는 취지로 해석하였는데, 말하자면 조선의 자주에 대해 청과의 해석상의 차이를 보이기 시작하였다.

한편으로 조선은 프랑스와 미국의 접근을 무력으로 격퇴한 뒤, 이를 청에 통고하면서 청 황제가 칙령을 내려 서구열강이 조선에 접근하지 못하게 할 것을 요청하였다.[218]

이 시기에 있어서 일찍 서구열강에게 문호개방을 강요받은 청은 조선의 對外紛爭에 있어서 가능한 한 회피하려는 의도에서 청의 종주권을 주장하는 동시에 조선의 자주를 인정한 것이라고 볼 수 있고, 조선은 서구열강의 도전에 맞서 전통적으로 이어져 온 조청 관계를 종전대로 계속 고수하려는 태도였다고 할 수 있다.

그러나 1870년대로 들어서면서 동아시아의 국제적 환경은 조청

---

217) 『同治朝籌辨夷務始末』 권42 美國照會・美國致朝鮮國照會 同治 10년 1월 壬子.
218) 任桂淳, 「朝露密約과 淸의 對應」, 『한국정신문화연구원연구논총』 7, 1984, 46-47쪽.

양국이 의도하는 방향대로 전개되지를 못하였다. 특히 일본이 조선에의 진출의도를 노골적으로 드러내면서 청은 이제 조선관계에서 회피만 할 수 없는 입장에 놓이게 된 것이다.[219]

조선이 淸帝의 勅裁를 빙자하여 국교회복을 거절함에 따라 일본에서는 1871년부터 征韓論이 제기되었다.[220] 일본으로서는 조선에 진출할 경우 전통적 조청관계가 가장 큰 장애요인으로 작용할 것으로 예상하였다. 따라서 우선 청조와의 수교론이 일본 외무성 관료들에 의해 제출되었다.[221] 즉 일본과 청이 상호평등 원칙에 입각한 조약을 체결하여 양국 군주가 서열상 농능하다는 것이 법적으로 확정되면 조선국왕은 자동적으로 일본천황보다 하위에 서게 된다는 것, 바꾸어 말하면 조선에 대한 일본의 서열상 우위를 확립한다는 것이었다. 좀 더 구체적으로 본다면, 일본의 사절이 북경에서 청과 대등한 입장에서 조약을 체결한 다음 서울에 직행하여 담판을 요구하면 조선정부가 거절할 도리가 없을 것이며, 만일 거절한다면 일본이 무력으로 응징하여도 명분이 서는 것이니, 청 정부도 함부로 간섭하거나 개입할 수 없다는 논리였다.[222]

그러나 당시 청으로서는 비록 이미 여러 서양제국과 근대적인 조약관계를 맺고 있었으나, 속방이나 다름없는 일본과 평등원칙에 입각한 서구식 조약을 맺는다는 것은 상상할 수도 없는 일이었다.

---

219) 李完宰, 「개화기의 '淸・朝宗屬'問題에 대하여」, 『한국학논집』 12, 1987, 150쪽.

220) 초기 일본 조야에서의 정한론의 대두과정에 대해서는 金景昌, 『東洋外交史』, 集文堂, 1982, 103 - 105쪽 참조.

221) 『日本外交文書』 권3, 144 - 145쪽. 이 밖에 1870년대 전반 朝日 양국 간의 국교조정을 위한 교섭과정에 관해서는 김기혁, 「강화도조약의 역사적 배경과 국제적 환경」, 『근대 한・중・일관계사』, 연세대학교 출판부, 2007 참조.

222) 『日本外交文書』 권6, 144 - 145쪽, 195쪽 참조.

따라서 일본과의 입약에 대하여 많은 대신들이 반대의견을 표명하였다. 이들은 일본과의 조약을 허용하면 조선·베트남 등 속방들이 같은 요구를 할 것이라고 주장하였다. 이에 당시 直隷總督을 맡고 있던 李鴻章은 "만일 조약체결을 거절하면 일본이 서방 각국과 결탁하여 다시 입약을 강요할 것이며, 그렇게 되면 이에 응하지 않을 수 없게 될 것이고, 반대로 이를 잘 이용하면 중국에 유용할 것"[223] 이라고 입약의 불가피성과 필요성을 강조하였다.

조약체결 1개월여에 걸친 교섭과정에서 일본이 청국황제와 일본 천황을 서문에 열거하여 두 군주가 서열상 동격이라는 것을 명시하자고 집요하게 요구하였지만 청 측은 끝내 거절하였다. 그러나 기타 문제에 관하여 청 측은 양국 간의 평등과 호혜의 원칙을 전적으로 수락하였다.

이리하여 1871년 9월에 전문 18조로 된 淸日修好條規가 조인되었다. 여기에서 가장 주목해야 할 점은 제1조에 있는 양국 간에 '소속 방토의 상호 불가침' 조항과, 제2조에 있는 양국 중 어느 일방이 제3국으로부터 부당한 대우를 받을 경우 '피차상조' 또는 '종중선위조처'(從中善爲調處) 한다는 조항이었다.[224]

청일수호조규는 제도적 측면에서 보면 동아시아 화이질서하에서 역사적으로 종주국이었던 중국과 그의 속방으로 간주되어 왔던 다른 한 동아시아 국가인 일본 사이에 서구식 국제관계의 이념과 원칙에 입각하여 대등한 조건으로 맺어진 최초의 조약이었다. 그리고 외교전략적 측면에서 보면 이홍장을 비롯한 청의 지도자들은 이

---

223) 『同治朝籌辨夷務始末』 권79, 46-48쪽.
224) 청일수호조규의 구체적인 내용에 관해서는 김기혁, 앞의 논문, 2007, 119-121쪽 참조.

조약을 한반도에 대한 일본의 침략적 야망과 중국에 대한 서방국가들의 침략을 방지하기 위한 도구로 이용하려 하였다.[225] 반면에 일본으로서는 조선을 청의 속방으로부터 이탈시켜 자기 세력하에 끌어들이려고 한 시도였다. 물론 일본의 이러한 시도는 당분간 실패로 돌아갔다.

청일수호조규 체결 이후에도 조선 속방 문제를 에워싼 논의는 계속되었다. 1873년에 일본 外務卿 副島種臣 일행이 총리아문을 방문하여 조청관계의 특성에 대해 재차 집요하게 캐물었고 청 측은 의연히 "屬國이라 함은 舊例를 준수하고 冊封獻貢의 典이 있음을 말하는 것이기에 (조선의) 내정과 외교에 대해서는 간여하지 않는다."고 하였다. 이에 일본 측이 "조선의 和戰權에 대해서도 간여하지 않는가."고 묻자, 청 측은 역시 "간여할 바가 아니다."고 대답하였다.[226]

이러한 청 측의 설명을 조선에 대한 불간섭주의의 표명으로 확인한 일본은 1875년(고종 12, 명치 8)에 雲揚號 사건을 일으키고,[227] 그 다음 해 1월에 前 駐美公使 森有禮를 駐淸日本公使로 임명하고 북경에 파견하여 屬邦의 의미를 다시 추궁케 하였다.

森有禮와의 대화에서도 總理各國事務衙門 首席大臣 沈桂芬은 "조선관계는 禮部의 所管이므로 總理衙門으로서는 屬邦 禮典에 대해 상세히는 모른다. 다만 조선의 모든 政敎禁令은 그 自主에 맡기고 外交는 그 自由에 위탁하여 관계하지 않는다."[228]고 종래

---

225) 김기혁, 앞의 논문, 2007, 84-85쪽.
226) 『日本外交文書』 권8, 124-125쪽, 明治 8년 10월 5일조.
227) 雲揚號 사건과정 중 조일 간의 외교교섭의 구체적인 경위에 관해서는 金景昌, 앞의 책, 1982, 105-108쪽 참조.

와 같은 주장을 되풀이하였다. 沈桂芬은 조선국왕 옹립문제에 대해서도 "우리가 選定하여 옹립하는 것이 아니라 그(속방)의 請에 따라 책봉할 뿐이다."고 답하였다. 이어 森 공사가 "만약 불행히도 일본과 조선 사이에 전쟁이 발생했을 경우 귀국은 어떠한 태도를 취하겠는가."라고 추궁하였을 때도 청 측은 불간섭주의를 들면서 단지 일본이 修好條規를 준수하고 조선에 대하여 무력행사를 하지 말 것을 요청하였다.229) 이에 森 공사는 "조선이 비록 속국이나, 땅이 중국에 隷하지 않으므로 중국은 일찍이 그 내정에 간여하지 않았다고 한다. 따라서 조선은 한 개의 독립국이며 귀국이 이를 속국이라 함은 虛名일 뿐이다. ……따라서 조일 양국 간의 일은 청과 일본과의 조약과는 아무런 관계도 없다."고 照會하였다.230)

이어 森有禮가 다시 保定府에 가서 北洋大臣 이홍장을 방문함으로써 상술한 논의는 계속되었다. 森이 먼저 "高麗에 대해 청이 錢糧을 안 거두고 그 나라의 政事에 관여하지 않는다고 하므로, 屬國이라 할 수 없다."고 주장하였다. 이에 대해 이홍장은 "고려가 중국에 屬한 지 수천 년이 된 것은 어느 누구도 잘 안다. (淸日)和約상에서 말한 '所屬邦土' 중의 '土' 자는 중국의 각 直省을 가리키는데 이는 內地로서 內屬하여 錢糧을 징수하고 政事를 관장한다는 것이다. 한편 '邦' 자는 高麗 등 諸國을 가리키는데 이는 外藩으로서 外屬하여 錢糧과 政事는 본국에 돌려 관리하게 한다는

---

228) 北平故宮博物院 編,『淸光緖朝中日交涉史料』(北京: 文海出版社, 1932, 이하 淸光緖朝中日交涉史料로 약칭함) 권1, 光緖 元年 12월 21일조, "朝鮮雖隷中國藩服 其本處一切政教禁令向由該國自行專主 中國從不與聞"

229)『光緖朝中日交涉史料』권1, 1-5쪽, 附件二 覆日本國節略.

230)『淸光緖朝中日交涉史料』권1 (二)附件一 日本國照會;『日本外交文書』권9 森公使發總理衙門照會.

것이다. 本朝뿐만 아니라 예로부터 이러하였으니 어떻게 중국의 것 (속방)이 아니라고 할 수 있는가.”고 여전히 속방론을 견지하였다.[231] 또 森이 “이후 조일 간에 전쟁의 발생이 면치 못할 것 같다.”고 한 데 대하여 이홍장은 “만약 일본이 조선을 공격한다면 청은 종주국의 입장에서 조약의 위반을 이유로 傍視하지 않겠다.”는 決意를 표시하고 “일본 측이 까닭 없이 평화를 깨뜨린다면 아무런 이익이 없다.”고 부언하였다.[232]

이로써 결국 청 측에서는 조선에 대한 종주권을 계속 주장하였고 반면에 청에 제출한 朝口문제에 관한 일본 측의 중재협조 요구는 거절당하였다.[233]

상술한 바와 같이, 청과 조선이 서구 중심의 새로운 국제질서 속으로 편입되는 과정에서 조청 양국 간의 특수한 전통적 관계가 국제사회에서 심각한 논쟁의 초점으로 부상되어 갔다. 이 과정에서 청은 “조선은 청의 속방이나 내정과 외교를 스스로 주관한다.”는 논리로써 조선에 대한 종주권을 주장한 반면 서구열강과 일본은 근대 국제법에 근거하여 청의 속국론을 배척하거나 무시하였다. 물론 이홍장을 비롯한 청 측 지도자들도 자신들의 속국론이 논리적으로 매우 모순된다는 사실을 알지 못한 바는 아니었겠다. 그러나

---

231) 『李文忠公全集』 권4 譯署函稿, 34-35쪽, “外務卿宛公使報告. “高麗屬中國幾千年 何人不知 和約上所說所屬邦土. 土字指中國各直省 此是内地爲内屬 征錢糧管理政事 邦字指高麗諸國 此是外藩爲外屬 錢糧政事向歸本國經理”

232) 『清光緒朝中日交涉史料』 권1 (二)附件八 李鴻章與森有禮問答節略; 王彦威 輯・王亮 編, 『清季外交史料』(北京: 清外交史料編纂處, 1932, 이하 清季外交史料로 약칭함) 권5 照錄 李鴻章與森有禮問答節略; 『李文忠公全集』 권4 譯署函稿 光緒元年 12월 28일 日本使臣 森有禮署使鄭永寧來署晤談節約.

233) 申基碩, 「清韓宗屬關係-壬午軍亂을 前後한-」, 『亞細亞研究』 2-1, 1959, 47-51쪽, 김기혁, 「近代初期에 있어서 한・청・일 관계의 전개-갑신정변에 미친 영향을 중심으로-」, 『근대 한・중・일관계사』, 연세대학교 출판부, 2007, 147쪽.

그들의 속국론이 역사적 사실과 다른 것은 아니었다는 점 역시 주목할 필요가 있겠다. 즉 조청 조공책봉관계가 수립된 이래 조선은 청에 稱臣하면서도 내정과 외교는 스스로 自治하였기 때문이다.[234]

한편으로 중국 중심의 동아시아 국제질서에 상당 기간 참여한 바 있는 일본으로서는 조청 간의 특수한 관계를 이해하지 못한 것은 아니었지만, 이를 인정하면 정한론의 실현이 불가능한 것으로 판단하였다. 따라서 일본은 조청관계의 모순과 비논리성을 문제로 삼아 외교적 항의를 청 측에 계속 제기하면서 국제사회의 여론을 조선에 대한 청의 종주권을 인정하지 않는 방향으로 이끌어 갔다. 청일수호조규를 계기로 스스로 전통적 동아시아 세계에서 이탈하여 근대적 국제사회의 일원으로 위치한 일본은 서구열강이 자국에 대했던 것과 같은 砲艦外交의 방법으로 조선의 문호개방을 강요하였다.[235]

당시 총리아문과 이홍장은 모두 조일 간 분쟁에 정식으로 개입하는 것을 거절하였다. 그러나 실제로는 양자가 모두 조선 당국에 일본과 불화관계를 조성하는 것은 현명하지 못하다는 것을 강조하고 일본에 우호적으로 대할 것을 권고하였다. 이홍장은 이미 1876년 1월 초에 조선 왕세자 책봉을 위한 주청사로서 북경을 방문하고 귀국하는 전 영의정 李裕元에게 보내는 서한에서 조일 간의 불

---

234) 전통적 조청관계의 애매한 성격은 이후 서구의 동양학자들까지 당혹게 하여 많은 논란을 빚었다. 혹자는 조선을 琉球나 印度支那와 같이 청의 屬國으로 보기도 하는가 하면, 혹자는 당시의 조선을 완전히 독립된 主權국가로 이해하기도 하고, 혹자는 英聯邦에 비유하여 설명하기도 하였다. 전통적 조청 조공책봉관계의 성격에 대한 諸說에 대해서는 金達中, 「中國의 對韓干涉 및 統制政策: 1880年代를 中心으로」, 『社會科學論集』 12, 1981, 36쪽을 참조.

235) 申基碩, 「淸韓宗屬關係－壬午軍亂을 前後한－」, 『亞細亞硏究』 2-1, 1959, 47－51쪽.

화에 대한 우려의 뜻을 전하였다. 이러한 과정을 통하여 나중에 청도 조선과 일본의 통상 및 수교를 희망하기에 이르렀다. 특히 이홍장은 조일 수교에 관해서 총리아문에 보내는 글에 아래와 같이 제안하였다.

> "만약 조일 양국 간에 전쟁이 발생할 경우, 조선이 일본에 대적할 수 없음이 분명할 것이고 脣亡齒寒의 우려가 있다. ……원조를 거절하면 藩屛(조선)이 실망할 것이다. (조선이) 일본에 의해 정복되면 東三省 根本重地가 위태로울 것이니, 조선국왕에게 충고하여 일본 사절을 맞아들이고 일본에 사절을 보내 通商을 하여 평화를 유시하도록 하기를 바란다."[236]

결국엔 이 제안이 총리아문에 의해 수용되었고 총리아문은 이러한 내용의 서한을 조선에 보냈다. 하지만 이 서한이 조선에 도착했을 때에는 강화도조약이 이미 체결된 후이라 아무런 영향도 일으키지 못하였다. 여하튼 조선은 일본과의 수교를 원하지 않았지만, 청의 권유로 인해 마지못해 강화도의 수교 협상에 응하였다. 바꿔 말해, 조일수교 과정에서 청이 수행한 역할을 결코 간과할 수 없다는 것이다. 한편으로 이러한 역할과정에서 청의 근대적 외교인식상에 있어서의 미숙한 점 역시 여실히 표출되었다고 하겠다.[237]

이러한 배경하에서 조일 양국 대표들은 10여 일의 회담 끝에 1876년 2월 27일 전문 12조로 된 강화도조약에 조인하였다. 그 내용은 전문에 일본 측 原案에 있었던 '大日本帝國 皇帝'와 '朝鮮國

---

236) 『李文忠公全集』 권4 譯署函稿, 30-31쪽, 論日本派使入朝鮮.

237) 예를 들어, 당시 이홍장을 비롯한 청 측 지도자들은 대외교섭사무에 있어서 아직도 전통적인 화이질서 관념에 빠져 일본의 대조선 접근이 조청관계에 미치는 영향에 대해 충분히 인식하지 못하고 이를 종용하거나 수수방관하기에 이르렀다.

王 殿下'는 조선 측의 반대로 삭제되고 각각 '大日本'과 '大朝鮮國'으로 대체되었다. 하지만 제1조에 규정된 "朝鮮國은 自主의 邦으로서 日本國과 평등한 권한을 보유한다."라는 조항은 일본 측의 주장대로 삽입되었다. 사실 이 조항은 일본 측이 조선이 완전한 독립국임을 밝혀 청의 종주권을 부정할 목적으로 삽입한 것이었다. 그러나 조선 측에서는 조선이 청의 속방이나 내정과 외교에 자주적으로 주권을 행사한다는 종래의 일관된 주장을 재확인한 것으로 간주하였다.

강화도조약은 기타 조항에서 釜山 이외에 새로이 2개 항구를 개방하고 개항장에서의 領事裁判權을 인정하며 조선 領海의 측량을 허가할 것 등을 일방적으로 약정한 전형적인 불평등조약이었다. 한편으로 이 조약은 근본적으로 모든 독립 국가는 평등한 주권을 향유한다는 서구적 이념과 원칙에 입각하여 조일관계를 재규정함으로써 서열적 동아시아 국교체제를 거부하고, 간접적으로 청의 종주권을 부정한 것이었다. 이리하여 조선은 형식적 내지 이론적으로는 강화도조약의 체결을 통해 근대 국제사회에 편입되었다.[238] 이러한 의미에서 볼 때, 강화도조약의 체결은 전통적 조청관계에 대한 첫 번째 공식적인 도전이라고도 하겠다.

이 시기 일본 및 서구열강들은 조청의 애매모호한 전통적 관계가 더 이상 지속되는 것을 원하지 않았다. 특히 조선에 일차적 관심을 갖고 있던 일본으로서는 청의 번속국으로 존속하는 것을 원하지 않았기 때문에, 강화도조약의 제1조에 조선이 자주독립국임을 명시하려 하였던 것이다. 다시 말해 조선의 '자주'를 주장한 일본

---

238) 김기혁, 앞의 논문, 2007, 130 - 148쪽 참조.

의 진정한 목적은 향후 조선을 고립무원의 지경에 빠뜨리고 나아가 조선의 주권과 자주를 짓밟으려는 것이었다.

하지만 상술한 일본의 이러한 노력이 조청 양국의 전통적 관계를 즉각 변화시키는 못하였다. 조약체결 이후에도 조선은 청에 대하여 舊來의 전통적 관념을 타파하지 못하고 예전의 臣禮를 계속 행하였다. 조선은 예전대로 해마다 북경에 조공사신을 보냈고 그것이 청일전쟁 이전까지 이어져 갔다. 동시에 조선 측은 일본에 대해서는 '皇勅' 등의 문자를 사용하는 것이 국서의 형식에 위반된다고 계속 항의하였다. 청 측을 놓고 볼 때 그들 역시 소약분상의 '自主', '平等' 등의 용어가 전통적 조청관계를 저해하는 것으로 이해하지 않았다. 청은 예전대로 종주국의 신분으로 조선의 세공과 방물을 받고 조선 왕세자를 책봉하였다.

다시 말해, 조약에서 규정한 자주, 평등 등에 대한 해석과 인식에 있어서 조선·청·일본은 각기 달랐다. 일본은 '자주'를 '독립'의 뜻으로 이해하였으나, 청은 '自治'의 뜻으로 해석하였다. 이로 인해 조약의 中文이 조선정부에 의하여 청 측에 전달되었을 때도 총리아문이나 이홍장은 이에 아무런 이의를 제기하지 않았다. 즉 당시 청국의 입장에서는 조선의 '自主'와 중국의 '宗主'가 서로 배타적인 개념이 아니었다는 것을 알 수 있다.

요컨대 개항 전후 이 시기 전통적 조청관계의 특성문제는 서구 열강과 일본을 포함한 국제세력들의 논의의 대상이 되었던 반면, 전통적 조청관계는 아직까지 근본적인 충격을 받지 않고 이어져 왔다고 할 수 있겠다.

2. 강화도조약 이후 朝·淸관계의 동요

　전통적 조청관계의 특성문제는 강화도조약 체결 이후에도 일본에 의해 끊임없이 계속 제기되었다.

　1877년(고종 14) 8월 한 명의 프랑스인 신부 리델(Ridel, 李卜明) 일행이 중국으로부터 서울에 잠입하여 선교하다가 같은 해 겨울 조선 관헌에 의해 체포 구금당한 일이 발생하였다. 이때 駐在佛公使의 요청을 받은 청·일 양국 정부는 각각 조선정부 당국에 대해 그 석방을 권고하였고, 조선정부는 양국 교섭에 각각 응하였다. 조선의 입장으로서는 종래의 관례로 보아 일본보다는 청의 意向을 무시할 수 없었고, 따라서 청에 대해서는 그동안의 朝日교섭 顚末에 대해 우선 보고하고 다음 지시를 받기로 결정하였다. 그 보고에서 조선정부는 "小邦이 上國에 服事하고 있는 것은 天下共知의 사실이다. 그러나 丙子條約에서 小邦을 自主國이라고 한 제1조는 일본이 임의로 自書하여 강요한 것"임을 청에 辨明하면서 스스로 청과의 조공책봉관계를 지키려는 입장을 취하였다.[239] 그러나 일본 측의 勸告書翰에 대한 조선 측 回翰에 있어서는 그 문구가 문제되어 일본이 受理를 거절하였다. 즉 回翰에서 조선이 여전히 청을 존대하는 '上國禮部', '上國指揮' 등의 말과 擡頭의 서법을 사용한 것이다. 이에 駐朝日本代理公使가 이는 강화도조약 제1조 규정에 위반되는 것이라고 詰問하고 조선정부의 反省을 촉구하였다. 한편 조선정부는 일본과의 往復書翰事實까지를 북경정부에 보고

---

239)『同文彙考』附編 續;『통문관지』권11, 고종 15년 2월 무인.

하였다. 그러나 이에 대한 청의 회답은 "조선이 중국에 소속된 自主國이라는 것은 천하가 다 아는 사실이니 본건에 대해서는 조선이 알아서 회답해야 할 것으로, 개입하기 곤란하니 自爲主持 하라."고 할 뿐이었다.[240]

여기에서 한 가지 강조하고 싶은 점은, 전통적 조청관계는 19세기 일부 서방외교관들이 생각한 것처럼 청조 당국이 조선에 대한 책임을 회피하기 위한 구실이나 변명이 아니었다는 것이다. 조청관계는 초기에 청에 의하여 무력으로 강요된 것은 사실이다. 그러나 청의 입관 이후 2백여 년 동안 양국관계는 주로 의례석인 것이었고 청이 조선에 대하여 내·외정에 있어 간섭하거나 개입한 적은 없었다는 점 역시 간과해서는 안 된다.

한편으로 조선에 대한 불간섭정책은 청이 조선에 대하여 무관심했다는 것을 의미하는 것도 아니다. 북방에 그 정치적·군사적 기반을 가진 모든 중국왕조와 마찬가지로 만주에서 발상한 청조는 건국 초기부터 이른바 그 龍興之地의 안전과 방위를 위한 조선의 전략적 중요성에 대해 어느 역대왕조보다 예민하였다. 1860년대부터 조선에 대한 서구열강, 특히 러시아의 침투와 일본의 팽창주의적 위협이 증대됨에 따라 청조 당국자들의 조선에 대한 관심도 비례적으로 커져 갔다. 이들 중 가장 중요하고 대표적인 인물이 바로 이홍장이었다.

당시 청의 직예총독과 北洋各國通商大臣을 겸임하면서 畿輔뿐만 아니라 華北, 나아가 조선까지 포함한 광대한 지역의 외교·통상·군사에 관한 광범한 권한과 책임을 지고 있던 이홍장은 청의

240) 『淸光緖朝中日交涉史料』 권1, 166쪽.

안전방위 책략에 있어서 조선의 중요성을 누구보다 잘 알고 있었다. 그는 일본에서 征韓論과 함께 유구에 대한 단독 주권이 주장되고 특히 1874년에 대만점령 후 일본의 다음 목표가 조선임을 이미 예측하고 증대하는 일본의 위협에 대처하기 위하여 대규모 근대적 해군의 건조계획을 淸廷에 건의한 바 있었다. 그러나 당시 新疆回族叛亂의 진압을 위해 힘쓰고 있던 陝西總督 左宗棠이 이에 반대함에 따라 淸廷에서 塞防論이 海防論을 압도하자, 이홍장은 조선의 안전보장을 위해 비군사적 방법과 수단을 강구하지 않을 수 없었다. 물론 자신의 해군건설계획도 대폭 감축되지 않으면 안 되었다.

이러한 배경하에서 이홍장에 의해 선택된 것이 바로 조선에 대한 서방열국과의 立約勸導策이었다. 이것은 서방국가들이 도입한 국제적 조약체제에 조선을 편입시키고 서구열강에게 경제적 이권을 제공하여 일본과 러시아 세력의 일방적 침투를 막는 수단으로 하자는 것이었다. 즉 조약체제를 이용하여 조선의 '均勢之局'을 조성하는 이른바 '以夷制夷'정책이었다.[241] 특히 1876년 강화도조약에 의해 일본이 조선에의 외교·통상·군사적 진출을 위한 합법적 기반을 획득하게 되자, 이홍장의 '均勢之策'의 조기 실현은 더욱 긴요하게 되었다. 그러나 내정과 외교에 대한 상호 불간섭이라는 오랜 전통으로 인해, 종주국의 청도 조선에 立約을 강요할 수는 없었다. 이홍장은 만일 청이 조선에 대해 서방제국과 입약할 것을 강

---

241) '以夷制夷'정책은 이 시기에 이르러 갑자기 형성된 것이 아니라 중국이 고대로부터 관용되어 오던 정책 중의 하나이다. 따라서 조선 문제에 있어서의 청의 이이제이책략을 다르게 표현한다면, 즉 이를 중국의 전통적으로 관용해 오던 대외정책(以夷制夷策)과 西方 近代 均勢정책의 결합이라고 볼 수 있다(張存武, 「淸季中韓關係之變通」, 『中央研究院近代史研究所專刊』 14, 1985, 106쪽 참조).

요한다면 조선 조야는 필연코 반대할 것이고 그렇게 되면 청의 권위를 손상시키는 결과밖에 안 된다는 것을 잘 알고 있었다. 그리하여 이홍장이 채택한 것이 바로 조선의 유력인사에게 서신을 보내어 서방열강과의 입약을 勸導하는 간접적이며 점진적인 방법이었다.

청조 당국이 직접 조선에 대해 서방제국과 조약을 체결할 것을 권유하기로 결정하는 계기가 된 것은 1879년 중러 간에 일어난 伊梨事件과 일본의 유구병합사건이었다. 첫 번째 사건은 회족반란 중 新疆의 전략적 요충지인 伊梨지방을 점령한 러시아가 조약을 위반하고 반란이 진압된 후에도 철수하는 것을 거부한 데서 발생하였다. 두 번째 사건은 이리사건으로 말미암아 중러 양국이 대립하고 있는 틈을 타서 일본이 유구국왕을 폐하고 그 영토를 삼킨 사건이다. 이 두 사건에 의해 청조 당국은 조선에 대한 일본과 러시아 양국의 위협을 재인식하고 이에 대처할 대책을 서둘렀다. 같은 해 9월 총리아문의 주청에 의하여 청은 이홍장에게 조선정부를 회유하여 서방제국과 입약하도록 하라는 명령을 내렸다.[242]

1879년(光緖 5) 청으로부터 새로운 임무를 받은 이홍장은 조선의 領相 李裕元에게 장문의 서한을 보냈다. 그 주요 내용을 정리하면 아래와 같다.

> "……일본이 귀국과 誠心和好를 바란다고 하나 생각하건대 自古로 交隣之道는 그 宜를 얻으면 가히 仇敵을 外援으로 할 수 있고, 그 宜를 얻지 못하면 外援도 仇敵으로 될 것이다. ……먼저 猜嫌을 표시함으로써 그들로 하여금 구실을 만들지 못하게 하는 것이 긴요하다."

---

242) 김기혁, 앞의 논문, 2007, 149-152쪽.

이상과 같이 서한에서는 먼저 敬而遠之가 對日外交의 요건임을 설명하고 이어

"일본이 근래에 西法을 숭상하고 百般을 경영하여 스스로 부강의 術을 얻었다고 하나 실인즉 이 때문에 국고가 공허하고 國債가 누적하여 부득이 海外에 일을 일으켜 영역을 확장함으로써 그 所費를 충당하려 한다. 영역이 근접한 점으로 보아 북으로는 귀국(조선)이요 남으로는 중국의 대만이다. ……(따라서) 일본이 장래에 중국과 귀국의 틈을 타서 그 야심을 만족시키지 않으리라고는 보증하기 어렵다."

라고 일본의 침략성을 강조하였다. 그에 대비해서 이홍장은 武備를 갖출 것과

"往年에 서양인이 貴國과 통상을 하려다가 거절을 당한 이후 그 감정이 석연하지 못한 바가 있다. 따라서 만약 일본이 영국·프랑스·미국 등 諸國과 연합하여 개항의 利로써 誘致하고 또 러시아를 영역확장의 謀로써 끌어들이면 귀국은 고립의 지위에 빠질 것이다."

라고 하여 조선을 둘러싼 국제정세를 설명하고 러시아의 南下에 대하여 주의를 환기시켰다. 그는 이러한 현안문제를 해결하기 위해서는

"조선은 列强과 立約하는 것이 상책이며, 그 제1수단으로 聯美親淸함이 필요하다. 미국은 歐洲 열강에 비해 公評順善하고 國富하여 다른 나라의 국토를 탐내지 않으므로, 먼저 미국과 입약하여 나머지 열강과의 締約의 선례로 한다면 欺騙될 우려가 없다. 親淸한다는 것은, 조선이 원래 중국의 藩屬이지만 형식적이라도 조약으로 自主를 선언한 이상 지금부터는 조선의 內治·外交에 공연하게 간섭할

수는 없지만, 조선은 외교에 통하지 않으므로 중국의 지도가 없이는
外人의 凌侮를 면할 수 없을 것이니, 이것이 親淸하는 利라 할 것
이다."[243]

라고 설명하였다. 즉 '以夷制夷', '以毒攻毒', '以敵制敵'의 방책으
로 서양 열강과 입약하게 되면 일본을 견제할 뿐만 아니라 러시아
의 남침도 막을 수 있다고 입약의 이유를 구체적으로 하나하나 설
명하였다.[244]

　요컨대 이홍장이 제출한 이른바 '以夷制夷' 책략은 조선 문제에
있어서 청이 외교의 수도권을 가지고 조선과 서양제국과의 통상을
알선함으로써 중국의 對조선 종주권을 인정받는다는 점, 조선을 어
느 一國의 세력하에 두지 않음으로써 열강 특히 일본과 러시아가
조선을 중국 동북에로의 진출을 위한 橋頭堡로 사용하는 것을 방
지할 수 있으리라는 점에 착안한 것이었다.

　한 가지 덧붙여 말한다면, 이홍장이 이유원에게 자신의 이러한
권고를 조선에 전해 줄 것을 간청하였지만, 당시 이홍장의 권고에
찬동하고 나설 만한 식견과 용기를 가진 인물이 조선 조정에는 없

---

243) 『淸季外交史料』 권16 李鴻章覆李裕元書; 『李文忠公全集』 譯署函稿 권4, 30 - 32쪽.
244) 그 밖에 이홍장이 이유원에게 보낸 서한에는 구체적으로 다음과 같은 내용이 담겨 있었다.
　　"……일본이 장래에 중국과 귀국의 틈을 타서 그 야심을 만족시키지 않으리라고는 보증하
　　기 어렵다. 중국은 병력과 餉力이 일본의 10배나 되니 대항할 수 있다고 생각되나 귀국은
　　그렇지 못하니, 이때에 武備를 엄밀히 닦고 籌餉練兵 해서 封守를 견고히 할 것이며 외
　　교교섭에 대하여서는 조약을 恪守하여 빈틈을 보이지 않아야 할 것이다. ……지금의 계책
　　으로는 '以毒攻毒 以敵制敵'의 책략을 써서 차제에 泰西 각국과 조약을 체결하여 그 힘
　　으로써 일본을 견제하는 외에 도리가 없다. ……일본이 두려워하는 것은 泰西이기 때문에,
　　조선의 힘으로 일본을 제어함은 부족하나 泰西 각국과 통상하며 일본을 제어하면 綽綽有
　　餘할 것이다. ……귀국의 政敎와 禁令은 다 그 自主에 있으니, 이 같은 大事를 우리가
　　간여할 바는 아니나 중국과 귀국은 誼同一家요 또한 조선은 우리 東三省의 屛蔽라. 다만
　　脣齒와 같이 서로 도와야 할 뿐만 아니라 귀국의 걱정거리는 중국의 걱정거리이기 때문에,
　　潛越을 무릅쓰고 충정을 피력하여 귀국을 위해 대신 꾀를 내었으니, 귀 國王께 아뢰어서
　　널리 廷臣을 모아 深思遠慮 하여 가부를 密議하기 바란다. ……"

었다는 점이다.

1880년(고종 17)에 조선의 齎奏官 卞元圭 등이 천진에 와서 機械製造局 軍機所와 火器 火藥倉庫 등을 시찰하고 이홍장과 회견하였을 때, 이홍장은 청의 해군이 중국의 海口를 겨우 지킬 수 있을 정도의 힘만 갖고 있기 때문에 유사시에 조선을 도울 수 없다고 하면서, 조선의 소년 職工 38명을 천진에 파견하여 火器와 火藥 등의 제조법을 학습하게 하였다. 1880년에 조선의 修信使 金弘集이 일본에 갔을 때, 駐日淸國公使 何如璋은 조선이 '聯美修好'할 것을 권하였고, 參贊官 黃遵憲은 私擬 『朝鮮策略』을 지어 기증하면서 개방과 개혁을 권유하였다. 1882년에 조선이 미국 등 서구열강과 차례로 수호조약을 체결한 것은 이러한 청 측의 권유가 작용한바 컸다. 특히 황준헌의 私擬 『朝鮮策略』은 러시아의 남침을 막는 구체적인 방책으로 '親中國, 結日本, 聯美國'을 거론하여, 조선에 새로운 외교지표를 제시하였다.

구체적으로, 이 글에서 황준헌은 먼저 조선과 중국과의 역대 관계에 대해

"중국은 東西北이 모두 러시아와 連界한 유일한 나라로서, 그 땅이 크고 물자가 풍부하며 亞洲의 形勝을 차지하고 있기 때문에, 천하가 모두 러시아를 제어할 수 있는 나라로는 중국만한 나라가 없고 중국이 사랑하는 나라로서 조선만한 나라도 없다고 말한다. 조선은 우리의 藩屬이 된 지 이미 천 년이 되었으니, 중국은 이를 덕과 은혜로써 어루만지고 품어 왔을 뿐, 그 토지와 인민을 탐하는 마음은 가져본 적이 없으나, 이는 천하가 모두 믿는 바다. 하물며 우리 大淸은 東土에서 일어나 먼저 조선을 평정한 뒤에 明을 정벌한 지 2백여 년이 되는 동안에 德으로써 字小하고 禮로써 事大하였다."

고 논하고 이를 토대로 '親中國'의 도리를 아래와 같이 설명하였다.

　　"오늘날 조선은 중국에 대해 지난날보다 더욱 事大함으로써 천하
의 사람들로 하여금 조선과 우리의 情誼가 한집안과 같음을 알도록
노력한다면 ……러시아인들은 조선의 勢가 외롭지 않음을 알고 점차
돌아보고 꺼리게 될 것이며, 日人들도 그 힘이 상대하기 어려움을
헤아려 조선과 連和하려 할 것이니, 이렇게 되면 바깥의 틈은 어느
덧 사라지고 국가의 바탕은 더욱 견고하게 될 것이다. 이런 까닭에
중국과 親하라고 하는 것이다."

　이어 '結日本'에 대해

　　"중국 이외에 조선과 가장 가까운 나라는 일본뿐이니 ……일본과
조선은 사실 輔車相依의 관계에 있다. ……따라서 조선을 위해서는
마땅히 小嫌을 버리고 大計를 도모하며 舊好를 닦고 外援을 맺어야
할 것이니, 후일 양국의 輪船과 鐵船이 日本海中에 횡행하게 되면
外侮는 자연히 들어올 길이 없어질 것이다. 이런 까닭에 일본과 結
하라고 하는 것이다."

고 설명하였다. 그리고 '聯美國'에 대해

　　"조선의 東海로 가면 아메리카가 있는데, 合衆國의 도읍이다.
……이 나라(미국)는 예의로써 立國하여 남의 토지를 탐하지 않고
남의 인민을 탐하지 않으며 굳이 남의 政事에 간여하지도 않았으며,
중국과 立約한 지 10여 년이 되었지만 조그마한 분쟁도 없었고 일본
과 왕래함에 있어서도 通商과 練兵을 권유하고 改約에 협조하였으
니, 이는 천하가 다 아는 사실이다. ……이 나라는 약소한 나라를
扶助하고 公義를 유지하여 歐羅巴人으로 하여금 함부로 못된 짓을
저지르지 못하게 하였으니 ……조선은 마땅히 이 나라를 끌어다가
友邦으로 삼아 結援함으로써 화를 면할 수 있을 것이다. 나는 이런

까닭에 美國과 聯하라고 하는 것이다."245)

고 상세히 설명하였다.

『朝鮮策略』에서는 이와 같은 防俄策 외에도 선진국의 기술을 학습할 것도 적극 권고하면서, "해군과 육군의 諸軍은 중국의 龍旗를 襲用하여 이를 전국의 휘장으로 삼는다. 또 학생을 보내어 京師(북경) 同文館에서 서방어를 익히고, 直隷(천진)에 가서 淮軍한테서 군사훈련을 익히고, 상해 製造局에 가서 기계 만드는 것을 배우고, 福州 船政局에 가서 배 만드는 것을 배우게 한다. 무릇 일본의 船廠・銃砲局・軍營에는 모두 가서 배우고 서양 사람의 천문 등에 관한 법과 化學・鑛學・地學도 모두 가서 배워야 한다. 또한 釜山 등지에 학교를 설립하여 서양 사람을 불러 교습시킴으로써 武備를 널리 닦아야 한다. 참으로 이같이 할진대 조선 자강의 터전은 이로부터 이룩될 것이다."고 하였으며, "무역을 넓혀서 중국 상인이 배로 釜山・元山・仁川 등 각 항구에 와서 통상하게 함으로써 일본 상인의 독점을 막고, 또 조선국민이 橫濱 등지에 가서 무역을 익히게 해야 한다."246)고 권유하기도 했다.

『朝鮮策略』이 형식상으로는 '私擬'의 두 자를 붙여 황준헌의 개인적 의견인 것처럼 꾸몄으나, 실상은 이홍장의 견해를 그대로 반영한 것이며, 또한 당시 청조의 기본적 외교노선이기도 했다. 그것은 물론 일차적으로 청조 자신의 이익을 도모한 것이지만, 당시의 조선 정계에 대해서도 매우 값진 충고였다고 보지 않을 수 없다.247)

---

245) 黃遵憲 原著・趙一文 譯註, 『朝鮮策略』, 건국대학교출판부, 2006, 23 – 39쪽.
246) 앞의 책, 2006, 41 – 42쪽.
247) 앞의 책(해제부분), 2006, 13 – 14쪽.

당시 淸廷의 기대를 담은 황준헌의『조선책략』은 조선국왕과 정부당국자에게 직접 전달되어, 조선의 문호개방과 제도개혁에 심대한 영향을 미쳤다.『조선책략』에는 조선의 鎖國政策이 비판되고 제도의 개혁이 권도되었을 뿐만 아니라, 미국과의 修好를 설득하기 위해 耶蘇敎에 대한 호의적인 평가가 포함되었다. 때문에 보수적 儒林勢力의 斥邪衛正論으로부터 강력한 저항에 부딪히기도 했지만, 조선의 외교와 내정은 이홍장의 서한들과 황준헌의『조선책략』, 이른바 '李書黃策'이 권도하는 開放과 開化의 방향으로 급속히 전환하였다.

1880년(고종 17)에 조선은 종래의 三軍府를 혁파하고 청의 제도를 모방하여 軍國機務와 일반 정치를 총관하는 總理機務衙門을 설치하였으며, 인천 개항도 결정하였다. 그 다음 해에는 紳士遊覽團을 일본에 파견하여 새로운 문물제도를 시찰하게 하였고, 別技軍을 설치하여 신식군대를 창설하였으며, 領選使 金允植으로 하여금 學徒 25명과 工匠 13명을 인솔하여 청에 가서 軍器製造를 학습하게 하였고, 5營의 군사제도를 폐지하여 2營體制로 개편하였다. 그리고 1882년(고종 19)에는 마침내 미국·영국·독일 등 서양 열강들과 修好條約을 체결하여 문호를 개방하기에 이르렀다.[248] 아울러 이러한 의미에서 상술한 이홍장의 대조선권도책도 결국 한미수호통상조약에 의하여 실현되었다고 할 수 있겠다.

1880년 봄, 미국이 해군제독 슈펠트(Comnodore R. W. Shufeldt, 薛斐爾)를 파견하여 일본정부의 소개와 알선을 통해 조선과 조약

---

248) 趙恒來,「『朝鮮策略』을 통해 본 防俄策과 聯美論 硏究」,『金哲俊華甲論叢』, 1983, 780 - 796쪽.

을 체결하려고 시도하였다. 이때 조선정부는 美使의 접수조차 거절하고 일본의 알선도 거부하였다. 이러한 사실을 듣고 이홍장은 슈펠트를 만난 회담에서 청이 韓美條約의 체결에 斡旋者가 될 수 있다는 정보를 주었다.[249]

한편 이홍장의 立約勸誘에 반대하던 조선도 점차 세계의 태세를 어느 정도 파악하고 이홍장의 권고에 따라 領選使 金允植을 保定과 天津으로 보내어 미국과의 조약체결에 관해 청 측과 협의하게 하였다. 이 시기 청의 한미조약 알선에 앞서 조선이 청의 속방임을 밝혀두자는 이홍장의 제의에 대해 김윤식은 "우리나라가 중국에 대해선 屬國이고 타국에 대해서는 自主라는 것이 명분에 부합되고 사실과 이치에도 맞기에 이 조목을 넣는 것이 좋겠다."[250]고 하였다. 이는 청의 속방 주장을 조선의 안보를 청이 보장한다는 의미로 해석하고, 이를 배경으로 새로이 서양 열강과 외교 수립에 나서겠다는 판단에 의해서였다고 볼 수 있다.

하지만 조선은 국내의 보수적 '斥邪' 분위기를 고려하여, 미국대표와 직접 교섭하지 않고 이홍장에게 교섭대행을 요청하였다.[251] 그리하여 역시 이홍장의 초청으로 천진으로 온 미국特使 슈펠트 제독은 조선 측 대표보다는 오히려 이홍장과 주로 회담하여 조약의 초안을 작성하였다.

조약의 알선을 맡은 이홍장은 한미조약체결에 있어서는 조선과

---

249) 슈펠트 제독의 한미조약의 교섭추진과정에 관해서는 韓㳓劤, 「Shufeldt提督의 朝美修好條約交涉緣由에 對하여」, 『震檀學報』 24, 1963 참조.

250) 『陰晴史』 고종 18년 12월 27일조, "惟敝邦 在中國爲屬國 在各國爲自主 名正言順 事理兩便 條約中 此一款添入以爲極好"

251) 宋炳基, 「金允植 李鴻章의 保定天津會談」, 『東方學志』 45, 1984, 203-249쪽.

일본의 조약에서와 같이, 조선에 대한 청의 종주권을 인정받지 못하는 전철을 밟지 않으려 하였다.[252] 슈펠트와 이홍장과의 회담은 1881년 7월 1일부터 시작되었는데, 슈펠트는 11월 4일에 본국으로부터 정식으로 全權을 위임받았다. 슈펠트가 받은 지시는 난파된 美國籍 선박의 구조에 관한 것과 조선과의 통상에 관한 것이었다.

이홍장은 슈펠트에게, 청에 온 조선관원과 회담한 결과 조선정부가 미국과 조약을 체결할 의향이 있다는 것과 조만간 조선으로부터 대표가 올 것이니 그와 만나라고 하였다.[253] 그리고 이홍장은 조선 측에 하나의 의견을 제시하였다. 즉 조선은 천신에 관원을 파견하여 슈펠트와 條約文案을 작성한 뒤, 슈펠트와 함께 조선으로 가서 調印하도록 하자는 것이었다.[254] 조선정부는 이러한 제의를 받고 국내의 반대론을 제압하기 위해 조선이 서양과 통상할 것을 지시하는 청 황제의 論旨를 요구하였다. 이홍장은 조선이 관원을 천진에 파견하여 슈펠트와 절충하면 별문제가 없을 것이라고 재차 설득하고, 일본과 通商章程의 개정에 실패한 데 대하여 한미조약이 체결되면 일본 역시 이 조약에 준하여 조약개정에 임하게 될 것이라 하였다.[255] 또한 청이 한미조약 체결을 알선함이 청의 지위로 보아 필연적이고 당연한 것이라고 역설하였다.[256]

---

252) 『李文忠公全集』 譯署函稿 권12, 光緖 元年 11월 21일, 論維朝鮮, "該國前與日本立約中國不過徒勸並未派員往波住持其條約內亦無奉中國政府命字樣今與西國緖約謂必奉我政府之命……卽 朝鮮肯遵西國未必肯受況我與西約始由脅偪 而成各款多違萬國通例遂漸萬回"

253) 『淸季外交史料』 권27, 光緖 8년 4월 25일, 直督張樹聲奏 朝鮮與美國立約事竣摺.

254) 『淸季外交史料』 권26, 光緖 10년 12월 14일, 直督李鴻章奏朝鮮陪臣金允植密陳該國王議商外交情形相機開導摺.

255) 위와 같음.

256) 『淸季外交史料』 권26, 「奏稿」 권42, 密議朝鮮外交摺.

조약의 교섭은 美·淸이 주관하고 조선 측은 초안 작성에도 참가하지 못하였으나, 조선 측은 아무런 異議를 제기하지 않았다.[257] 본격적인 교섭은 1882년 3월 25일부터 시작되었다.

이홍장은 조약 초안의 제1조에 "조선은 중국의 屬邦이지만 내정과 외교는 종래로 自主的으로 처리한다."[258]라는 문구를 넣어 조선에 대한 청의 종주권문제를 명시함으로써 朝日 강화도조약에서 "조선이 自主之邦임"을 천명한 것을 백지화하려 하였다. 이는 이홍장이 한미조약 체결을 주선하려 한 주요한 목적의 하나였다. 또 초안 제1조의 끝에 "만약 쌍방 중 어느 일방이 제3국으로부터 불법 부당한 처우를 받을 경우엔 다른 일방이 이를 보호해 주거나 혹은 중간조절(居中調整) 역할을 한다."라는 조항을 두었다.[259] 이는 미국과의 조약체결로써 일본과 러시아로부터 조선을 보호하려는 이홍장의 의도를 반영한 것이었다.

그러나 슈펠트 제독은 미국이 조선과 조약을 체결하는 데 조선이 중국의 속방임을 인정해야 할 필요가 없다는 이유를 들어, 이홍장이 제시한 초안 제1조에 대하여 강력히 반대하였다. 미국 측의 입장은, 조선이 외교와 내정에 자주권을 가진 이상 미국은 조선을 독립국으로 상대할 권리를 갖는 것은 당연한 일이며, 조선과 중국

---

257) 한미조약의 條文은 馬建忠이 작성하였다고 한다. 당시 영선사 김윤식은 천진에 체류하고 있었으나 배후에서 자문에 응하였을 뿐 직접 교섭에는 참가하지 않았다.

258) 顧廷龍·葉亞廉 主編,『李鴻章全集』(上海人民出版社, 1987, 이하 李鴻章全集으로 약칭함) 권6, 32쪽, "朝鮮久爲中國藩屬 內政外交向來歸其自主";『淸季外交史料』 권27 光緖 11년 3월 8일 直督李鴻章奏簿辨朝鮮與美國約稿淸派員會辨摺; 中央研究院近代史研究所 編,『淸季中日韓關係史料』(臺北: 中央研究院近代史研究所, 1972, 이하 淸季中日韓關係史料로 약칭함) 권2 675쪽, "朝鮮素爲中國屬邦 而內治外交事宜向來均由大朝鮮國大 君主自主"

259)『淸季外交史料』권27, 57쪽, "若他國偶有, 不公及輕侮之事必彼此援護或中善爲調處俾獲永保安全"

의 정치적 관계는 양국 간의 관계이므로 미국이 조선과 평등한 입장에서 조약을 체결하는 데 그것이 어떠한 영향을 미칠 수가 없다는 것이다.

또한 彼此援護의 내용에 관해서도 슈펠트는 자신이 본국 정부로부터 통상조약 체결의 권한만 부여받았을 뿐이며 미국이 일찍이 타국과 체결한 조약 중에는 이러한 援護조약을 맺은 예가 없다는 이유로 반대하였다.[260] 그리하여 양국은 어려운 협상 끝에 제1조 중의 "조선은 중국의 屬邦이다."라는 문제의 조문을 조약문에서 빼고 대신 조약체결 후에 조선국왕이 미국 대통령에게 보내는 서한에 조선은 중국의 속방이라는 照會文을 별도로 마련토록 하고 援護條文은 삽입하는 것으로 타협하였다.[261]

이홍장은 水軍提督 丁汝昌이 지휘하는 군함 3척을 美艦과 동행하게 하고, 조약초안 교섭에 참여한 候補道 馬建忠을 함께 파견하였다.[262] 이홍장의 이러한 배려는 조선과 미국 사이의 조약에 일본과 러시아가 끼어들지 모른다는 우려 때문이었다.[263] 또한 마건충한테는 조선이 청의 속국임을 따로 성명하는 데 차질이 생기지 않도록 특별히 유의하라고 지시하였다.[264]

작성된 조약초안을 가지고 1882년 5월 중순에 슈펠트와 그의 일행, 그리고 조약조인 居中 주선과 조정을 위하여 마건충 등 중국관

---

260) 『淸季外交史料』 권27, 直督張樹聲奏 朝鮮與美國立約事竣摺.
261) 『李文忠公全集』 譯署函稿 권13 光緖 8년 3월 3일, 論美使簿議朝鮮.
262) 『고종실록』 권19 고종 19년 3월 신축.
263) 『淸季外交史料』 권27 光緖 11년 3월 8일, 直督季鴻章奏簿辨朝鮮與美國議定稿淸派員會辨摺.
264) 『李文忠公全集』 譯署函稿 권13 光緖 8년 3월 5일, 覆朝鮮總理機務 李與寅君.

원들이 인천에 도착하였다. 1882년 5월 22일에 전문 14조로 된 한미조약[265]은 제8조에 조선 측으로부터 미곡수출을 금지하는 조항을 삽입한 것 이외는 거의 합의한 초안대로 슈펠트와 조선의 대표 申櫶 사이에 조인되었다. 이와 동시에 조선의 대표는 청 측이 건네준 照會擬稿의 문안대로 작성된 조선국왕의 照會文을 미국 측 대표에게 수교하였다. 이 조회문의 내용은 다음과 같다.

> 大朝鮮國 君主가 照會하건대, 조선은 평소에 중국의 屬邦이 되었으나 内治와 外交는 모두 대조선국 군주가 自主的으로 처리하였다. 이제 대조선국과 大美國은 피차 立約함에 함께 평행으로 상대하니, 대조선국 군주는 장차 조약 내의 各款을 반드시 自主公例에 따라 認眞照辨 할 것을 明允한다. 대조선국이 중국의 속방임으로 인해 마땅히 행하게 되는 일체의 행사에 대해서는 대미국이 조금도 간섭할 바가 아니다. ……大朝鮮國 開國 448년, 즉 光緒 8년 3월 28일[266]

이처럼 조회문에는 조선이 청의 속방이라는 것, 조선국왕은 내치외교의 자주권이 있다는 것, 조청종속의 모든 관계에 대해서는 미국이 간섭할 바가 아니라는 것을 명기하였다. 뿐만 아니라 조선의 開國年號와 함께 청의 光緒 연호가 병기되고 일자도 조약 조인일인 5월 22일보다 일주일 앞선 5월 15일(음력 3월 28일)로 표기함으로써, 조약체결 전에 청이 조선에 대한 宗主權을 미국으로 하여금 인정케 한 의도를 엿볼 수 있다.

그러나 한편으로는 自主國임을 인정하고 다른 한편으로는 屬邦임을 주장하는 청 측의 종주권론은 미국 측으로서는 이해하기 어

---

265) 한미조약의 구체내용에 관해서는 『고종실록』 권19 고종 19년 4월 신유 참조.
266) 『淸季外交史料』 권27 光緒 8년 4월 25일, 直督張樹聲奏 朝鮮與美國立約事竣摺.

려웠다. 미국의 입장에서 보면, 조청 간의 특수한 관계는 한미조약을 체결하기 위한 수단으로 이용되었을 뿐이며, 조약과 별도로 낸 조선국왕의 조회문은 그 성질상 조약에 부속된 議定書도 아니고 조약의 일부를 구성하는 것도 아니며 아울러 외교적 구속력을 갖는 것도 아니었다.

따라서 조약의 비준서를 교환한 후 조선에 부임한 美國公使 푸트(Foote) 장군은 조선국왕의 조회에 대한 답서 형식으로 청의 종주권을 인정하지 않는 내용의 미국대통령의 서한을 조선국왕에게 전달하였다. 서한의 내용은 아래와 같다.

> 조선과 청국의 관계는 미국 商民에게 방해를 주지 않는 범위에서 인정하나 조선이 청의 屬邦이라고 하는 것은 양해하기 어렵다. 內外의 諸政이 이미 조선국왕의 自主에 맡겨진 이상 通商도 역시 이를 自主하지 않으면 안 된다. ……미국은 조선을 自主國으로 인정하였기에 이와 조약을 체결한 것이며, 그렇지 않으면 조약을 체결하지 않을 것이다. ……1883년 3월 14일, 즉 癸未 2월 초 6일.[267]

즉 미국 측의 이러한 견해는 국제법의 원칙에 비추어 봐도 당연한 일이었으나 청 측의 의도나 조선정부가 생각하는 바와는 상당히 거리가 먼 것이었다. 따라서 이 문제는 후일 조선정부가 常駐外交使節을 미국과 유럽에 파견하려고 하였을 때에도 제기되었다.

한미조약이 조인된 후 1개월여 내에 조선은 영국·독일 등 제국과도 조약을 체결하였는데 그 내용은 한미조약과 동일한 것이었다. 아울러 그를 위한 사전 교섭, 조인절차 등 모든 것이 마건충 등 이

---

267) 『淸光緖朝中日交涉史料』 권33 光緖 9년 5월 25일, 北洋大臣李鴻章等奏韓美換約摺.

홍장 휘하 북양관료들에 의해 주선, 처리되었다. 그때마다 청은 역시 미국 대통령에게 보낸 것과 같은 내용의 조회문을 따로 첨부하여 서방제국들에게 보냄으로써 조선이 청의 속국임을 굳이 聲明하게 하였다. 하지만 그 어느 나라도 미국과 마찬가지로 청의 종주권을 공인하지 않았다.268)

조선이 서방제국과 체결한 조약들은 모두가 이른바 불평등조약으로서 조선에 불리한 것이었다. 다만 원칙적으로 모두 조선과 체약국의 평등한 지위와 동등한 주권에 기초한 것이었다. 따라서 청에 대한 조선의 종속적 지위를 스스로 인정한 조선국왕의 발언에도 불구하고 이들 조약은 강화도조약과 마찬가지로 조선에 대한 청의 종주권을 부인한 것으로 되어 버렸다. 즉 조선이 多邊的 국교관계를 수립하고 조약 상대국과 대등한 지위에 서게 됨으로써 청의 列國立約勸導策은 청이 의도한 본래 목적과는 상반되는 결과를 낳게 하였다.269)

상술한 바와 같이, 조선이 근대적 국제사회에 노출되면서 조청 양국의 전통적 조공책봉관계는 歐美 제국과 일본 등에 의해 심각한 논란의 대상이 되었으며, 그 결과 국제법상의 공인된 국제관계로 인정받지 못하였다.

특히 일본은 강화도조약 외에도 韓日修好條規附錄과 通商章程

268) 申基碩,「淸韓宗屬關係 - 壬午軍亂을 前後한 -」,『亞細亞研究』2 - 1, 1959, 59 - 65쪽, 金景昌,「淸韓宗屬關係를 中心으로 極東政治關係의 研究」,『政經論集』3, 1964, 43 - 68쪽, 김기혁,「근대초기에 있어서 한·청·일 관계의 전개」,『근대 한·중·일관계사』, 연세대학교 출판부, 2007, 149 - 153쪽.

269) 林采正,「朝鮮末期의 情勢와 淸의 對朝鮮政策 一考: 特히 1875 - 1887年의 李鴻章外交를 中心으로」, 한양대학교 대학원 석사학위논문, 1980, 12 - 15쪽. 김기혁,「이홍장과 청일전쟁」,『근대 한·중·일관계사』, 연세대학교 출판부, 2007, 169 - 170쪽.

을 체결하여 일본 화폐의 조선 내 流通權과 無關稅貿易權을 획득하여 경제적 침략의 조선을 구비하였고, 1880년에는 무력시위로써 公使의 駐京 문제도 해결하였다. 또한 1882년에 조선과 濟物浦條約을 체결함으로써 駐兵權도 확보함으로써 조선에 대한 세력침투가 보다 한층 강화되었다. 이 무렵, 러시아세력의 東漸과 조선 진출도 활발하게 진행되어 청을 위협하였다. 따라서 조선과 청 사이에 오랫동안 유지되어 온 전통적 조공책봉관계의 존립 기반이 사실상 동요되기 시작하였다.[270]

그 밖에, 여기에서 전통적 조청관계와 조선이 미국을 비롯한 서구열강과 근대조약을 체결한 양자 간의 모순을 재조명할 필요가 있겠다. 즉 국제공법하에선 대등한 조약의 상대국을 제3국의 속방이라고 인정한다는 것은 용인될 수 없는 것이다. 그것은 국제공법하에서의 속방은 조약 체결권이 없는 예속국이기 때문이다.[271] 즉 청(이홍장을 대표로 하는)이나 조선(김윤식을 대표로 하는)이 의식하고 있었던 조공책봉관계하의 '속방'과 국제공법하에서의 속방은 서로 다른 의미의 개념이었다.

한미조약 체결과정에서 발생한 이러한 문제는 곧 조공책봉관계에 바탕을 둔 기존의 전통적 동아시아 국제관계와 근대적 국제공법에 의거한 새로운 국제관계가 충돌하면서 나타난 양상이라고 볼 수 있다. 바꾸어 말해, 조선이 한편으로 내정과 외교의 자주권을 행사하면서, 한편으로는 청과 조공책봉관계를 맺고 있었다는 사실

---

270) 金麟坤·尹鐏甲, 「朝·淸關係의 特性과 그 變化要因」, 『社會科學』 5, 1986, 8-15쪽, 김한규, 『한중관계사』 Ⅱ, 아르케, 1999, 825-840쪽.
271) 노태돈, 「고구려와 북위 간의 조공·책봉관계에 대한 연구」, 『한국 고대국가와 중국왕조의 조공·책봉관계』(고구려연구재단 연구총서 15), 고구려연구재단, 2006, 101쪽-102쪽.

은 기존의 동아시아 국제질서에선 당연한 것으로 받아들여졌으나, 국제공법이 적용되는 근대 국제관계하에서는 모순을 나타내게 되었다. 상술하듯이 이러한 개념의 혼돈에 따른 마찰과 갈등은 이미 19세기 중반에 이르러 나타났고 그 후로 점점 커 갔던 것이다. 한 가지 덧붙여 설명한다면, 이후에도 청은 스스로 조선과의 종속문제를 국제적으로 확인시킴으로써 근대 국제질서하에서도 조공책봉관계를 유지해 갈 수 있을 것으로 보았다.

근대 국제법은 베스트파리아 조약 이후 통행되던 유럽의 국제관계에 바탕을 둔 것이다. 이에 근거하면 한 나라의 주권은 그보다 상위의 주권을 인정하지 않는 최고의 권리이며, 한 나라 내에서 복수의 주권을 인정치 않는 유일하고 절대적인 권리이다. 이런 국제법의 주권 개념에서는 한 독립국의 주권보다 상위의 권위를 인정키 어렵다. 자연 한 나라의 왕을 다른 나라에서 책봉한다면, 그 나라는 독립국이 아니라 종속국·예속국으로 간주되어야 한다는 논리가 제기될 수 있다. 이러한 논리에서 조공책봉관계를 보았을 때, 피책봉국을 예속국으로 이해할 수 있는 바이다. 나아가 그런 시각에서 피책봉국을 책봉국의 '속국'이라고 규정할 때, 그 '속국'의 의미는 위에서 말한 바와 같은 '내정과 외교를 자치 자주하는' 그러한 나라로 보는 것이 아니라 예속국의 개념이 되게 된다. 즉 동일한 용어로 '속국'이라 하였지만 그 실제의 의미는 확연히 다르게 사용되었다는 점에 대해 간과해서는 안 된다.

V

朝·淸 조공책봉관계의
변질 및 붕괴

1. 壬午軍亂과 朝·淸관계의 변질

종래의 조청관계는 형식적으로는 상호 차등적이었으나 실질적으로는 독립적인 것이었다. 1882년 한미조약 체결 전후에 이르기까지 청 정부가 기회 있을 때마다 공언하였듯이, 조선의 군주는 청의 皇帝에 대해 稱臣하였으나 내정과 외교는 스스로 주관하여 淸帝의 간섭을 받지 않았다.

물론 앞에서도 언급하다시피 조선과 서방제국과의 조약체결을 알선하는 과정에서의 청의 역할 또한 컸다. 김기혁은 이 과정에서 북양대신 이홍장이 "조선외교의 주도권을 장악하였다는 것은 전통적 청한 종속관계의 기본정신, 원칙, 관행에 위배되는 것이었다. 이것은 종주권의 강화가 아니고 종주권에서 이탈한 것이었다."고 하면서 한미조약을 계기로 조청 조공책봉관계가 근본적으로 변질하였다고 주장하였다.[272] 즉 청이 조약체결을 위한 알선과정에서 이미 조선의 내정 외교에 개입하였다는 것이다.

---

272) 김기혁, 「近代初期에 있어서 한·청·일 관계의 전개 – 갑신정변에 미친 영향을 중심으로 –」, 『근대 한·중·일관계사』, 연세대학교 출판부, 2007, 154쪽.

이에 반해 본고는 이 시기에 이르러 조청 조공책봉관계는 특성상 아직까지 실질상의 변화가 없다고 본다. 그 이유라면, 첫째, 청의 조약알선 목적이 조선을 청의 속국으로 만들려고 한 것이 아니라 청 및 조선의 국방안전책략에서 출발한 것이다. 둘째, 조약체결도 청의 일방적인 강박하에서 이루어진 것이 아니라 실질적으로 보면 조청 쌍방의 공통적인 염원을 토대로 하여 이루어졌다는 것이다. 즉 조약체결은 조선의 의지와도 相違되는 것이 아니었다. 그리고 조약도 청의 알선하에 조선과 미국 측 대표가 직접 조인한 것이다. 셋째, 당시 국내적 상황을 봐서도 조선이 자주적으로 서양제국과 근대적 조약을 체결할 수 있는 여건이 안 되었다. 넷째, 가장 중요한 것은 이 시기 청은 조약알선이지 조선 내정에 대한 직접적인 개입이 없었다는 것이다. 후술하겠지만, 조선 외교 및 내정에 대한 직접적인 간섭은 임오군란 때부터 시작되었다.

따라서 서양제국과의 조약체결 과정으로부터 볼 때 이는 조선에 대한 청의 국방안전을 위한 종주권의 강화 시도이지, 종주권에서의 이탈이 아니라는 것이다. 다시 말해, 이 시기까지는 비록 서양열강, 일본, 러시아 등 세력들의 충격하에 조청 조공책봉관계가 동요되기 시작하였지만 아직까지 실질적인 변질은 없었다고 볼 수 있겠다.

한편으로, 상술하다시피 1876년 강화도조약 이후 특히 1880년대에 이르러 조청 양국에 대한 외부세력의 접근이 강화됨에 따라 이들에 비해 청의 국력이 상대적으로 약한 상태임이 노정된 환경하에서, 전통적 조청관계의 현상 유지는 더 이상 가능하지 않게 되었다. 그리하여 청은 조선을 東三省 방어를 위한 완충국으로 보전해야 한다는 전략적 판단에 근거하여, 즉 소위 '脣亡齒寒'의 논리에 입각하여 조선에 대한 종래의 형식적 종주권을 강화하기에 이르렀다.

조선에 대한 전통적 정책을 변화시키려는 이 시기에 중국의 대외관계는 주로 비교적 근대적인 조직과 기능을 갖춘 總理衙門이 관장하고 있었다. 총리아문의 大臣들은 대부분 외교문제의 전문가들로서 서방열강과의 접촉과정에서 국제법과 근대외교에 대해 많이 배웠을 뿐만 아니라 한 걸음 더 나아가 그들은 서구적 외교의 理論思想을 받아들여 중국의 정책목표를 달성하는 데에 유용한 도구로 활용하였다.

당시 중국 조정 내에는 정책설정 과정에 적지 않은 영향을 끼친 소위 淸流黨이라 불린 정치집단이 있었는데, 이들 중 대표적인 인물로서 張佩綸·張之洞·黃體芳·寶廷·陳寶琛·鄧承修 등을 들 수 있다. 이들은 일반적으로 중국의 대외정책에 있어서 강경한 태도, 심지어 때로는 好戰的인 주장을 제출하였다. 특히 左宗棠이 중앙아시아지역(新疆)을 평정하여 청의 새로운 省으로 편입시키는 데 성공하자 淸流黨 인사들은 중국의 대외관계에 있어서 더욱 강경한 입장을 주장하였다.[273] 張之洞은 중국이 러시아와 변방에서 즉각 대처하여 싸워 이기지 않는다면 후일에 적들에 의해 북경까지 위험해질 것이라고 경고하였다.[274] 이들은 또한 日露協力 가능성의 위협을 경고하였으며, 일본의 유구병합으로 받은 모욕을 참을 수 없다면서 일본과도 싸우자는 태도를 표하였다.[275] 이리하여 1870년대 말과 1880년대 초 무렵 청의 조야에서는 호전적 분위기

---

273) 蔡廷珊, 『中國近代外交史資料輯要』 中卷, 臺北: 中央硏究院硏究所, 1958, 241 - 245쪽.
274) 『淸季外交史料』 권22, 9 - 11쪽, 「張之洞意見」.
275) 『淸光緖朝中日交涉史料』 권1, 31 - 32쪽.

가 팽배하였다.

이러한 시대배경하에 청의 對조선정책변화도 불가피한 상황에 이르렀다. 1880년에 駐日淸國公使 何如璋은 상·중·하의 세 가지 정책대안을 제출하였는데, 그가 제시한 상책은 청이 조선의 내치와 외교를 관장할 監國을 파송하여 상주시킴으로써, 근대 서구의 개념에 따라 열강이 이의를 제기할 수 없도록 청의 식민지로 만드는 것이었다.[276]

청 정부는 1881년에 조선 문제의 관장권을 종래의 禮部로부터 옮겨 北洋通商大臣에게 전적으로 위임하였다. 원래 조선은 청의 외교상대, 즉 外國이 아니라는 中華主義的 관념에 의해 조청관계는 청의 예부에서 관장하였고, 서방제국과 교섭하기 위해 1860년에 총리각국사무아문이 설치된 뒤에도 조선 문제만은 여전히 예부에서 책임을 맡았다. 조선도 禮曹에서 事大와 交隣 등의 사무를 관장하다가 1881년에 總理機務衙門이 설치되어 그 산하의 事大·交隣·通商 등 3司가 對淸 등 외국과의 업무를 관장하였다. 전통적으로 예부의 소관이었던 조선 관계 업무를 북양대신의 소관으로 바꾸었다는 것은 조청관계가 이미 단순히 의례적인 것이 아니라 외교·통상·군사와 같은 실질적인 것으로 변화되고 있음을 의미한다. 또한 대외관계를 관장하는 총리아문이 아니라 일개 疆吏인 북양대신이 대조선교섭을 담당하게 된 것 역시 조선 사무에 있어서 淸廷의 또 하나의 큰 변화라고 볼 수 있다.[277]

---

276) 金達中, 「中國의 對韓干涉 및 統制政策: 1880年代를 中心으로」, 『社會科學論集』 12, 1981, 38-42쪽.
277) 李完宰, 「개화기의 '淸·朝宗屬'問題에 대하여」, 『한국학논집』 12, 1987, 155-156쪽, 김기혁, 앞의 논문, 2007, 168-169쪽.

조선의 내정과 외교에 대한 청의 적극적 개입과 간섭은 조선의 壬午軍亂과 甲申政變에 대한 적극적 간여로 본격화되었다. 1882년(고종 19) 7월 서울에서 돌발한 임오군란은 처음에는 군량배급을 둘러싼 선혜청 하리들의 부정과 횡포에 분개한 군병들의 단순한 소동으로 시작되었다. 후에 新軍 건립과 軍制 개편으로 인해 신분의 위기를 느낀 조선의 군인들은 일본공사관을 습격하고 閔妃세력을 축출한 다음, 대원군을 옹립하여 정권을 장악하게 하였다. 군란이 일어나자 駐朝日本公使 花房義質(요시모토)는 인천을 경유하여 본국으로 도망갔다. 난중에 일본인 20여 명이 살해당하였고 내원군은 왕명으로 사태를 수습하고 근 10년 만에 다시 집권하게 되었다.

난후 일본에서는 玄洋社를 중심으로 정한론이 다시 일어나 군함 수 척이 조선으로 파병되었고, 역시 군란을 피해 忠州로 피신한 고종은 그때 유학생을 감독하기 위해 천진에 체류 중이던 김윤식과 問議官 魚允中으로 하여금 사태를 수습하는 선후교섭에 청이 간여해 주기를 요청하게 하였다.[278]

청조 당국은 7월 31일 駐日公使 黎庶昌의 急電으로 난의 사실을 알게 되었다. 청은 일본이 이를 조선에 대한 군사적 침략에 이용할 것을 미리 우려하여 대책을 강구하게 되었다. 그런데 이때 이홍장은 부모상으로 고향인 安徽省 合肥에서 복상 중이었기에 兩廣總督 張樹聲이 직예총독과 북양대신 직무를 대행하고 있었다. 張樹聲은 일본군이 조선에 먼저 상륙한다면 기선을 제압당할 우려가 있다고 보고 즉시 파병하기로 결정하였고, 총리아문을 통해 출정절

---

278) 김종원, 「淸의 對朝鮮 積極策의 機緣 – 壬午事變時의 派兵問題를 中心으로 – 」, 『李海南華甲論叢』, 1970, 297 – 316쪽.

차를 밟는 한편 天津海關道 周馥에게 천진에 와 있던 김윤식·어윤중을 만나 대책을 협의하도록 하였다.

이런 경로를 통해 난이 발생할 사실을 알게 된 김윤식 등도 청의 개입에 적극 찬성하였다. 여서창 공사로부터 일본정부가 이미 조선에 군대를 파견하기 시작했다는 보고를 받자 청도 출병하기로 결정했다. 당시 청은 조선국왕의 정식구원요청을 받고 출정하려 하였지만 사태가 급박하다고 판단하여, 조선정부의 공식적 파병요청을 받지 않은 상황에서 廣東水師提督 吳長慶 휘하의 淮軍 몇백 명을 포함한 병력 3천 명과 군함 5척을 조선에 파견하였다.[279]

종주국으로서 속방을 보호한다는 것이 청군 파병의 명분이었으나, 한편으로 이는 종주국으로서 내정간섭의 권리가 없다고 스스로 선언하였던 청의 과거 주장과는 판이한 것이었다. 청은 일본이 조선에 군대를 파견하여 세력을 부식하고 나아가서는 유구사건의 전철을 되풀이할 것을 두려워하여, 조선에 대한 우월한 지위를 회복하고 약화된 종주권을 공고히 하려 하였다. 이때에 일본에 통고된 청군의 출병 이유는 속방을 보호하고 속방에서 피습된 일본공사관을 보호하기 위해서라는 것이었다.

일본은 강화도조약의 체결 이후 조선을 自主之邦으로 대하고 있으며 공사관은 각각 자국이 스스로 보호할 것이라는 이유를 들면서 청의 파병이 갈등을 일으킬 우려가 있다고 반박하여 나섰다. 이로써 속방론이 또다시 재개되었다. 여서창 공사는 이에 "귀국이 立約할

---

279) 白鐘基,「壬午軍亂을 에워싼 淸日兩國의 對韓政策에 관한 一管見」,『大東文化硏究』
16, 1982, 156 – 163쪽. 성황용,『근대동양외교사』, 명지사, 2005, 171 – 172쪽. 김기혁,「이홍장과 청일전쟁 – 외교적 배경의 고찰 – 」,『근대 한·중·일관계사』, 연세대학교 출판부, 2007, 171쪽.

때 비록 조선을 自主國으로 인정하였지만 중국은 屬邦으로 대해 왔다. 이번의 파병은 속방의 난을 바로잡기 위한 것이다. ……이는 마치 자제의 집에 물건을 맡겼다가 도둑을 맞았을 때 家長이 이를 査問하지 않을 도리가 있겠는가."고 하면서 일본의 주장을 반박하고 조선에 대한 청의 종주권을 강조하였다.[280]

이와 아울러 조선에 진주한 청군은 대원군을 軍營으로 유인한 후 난당의 괴수로 지목, 납치하고 천진으로 호송한 후 直隷保定府에 연금시켰다.[281]

이때 일본군 시위관에 주어진 일본정부의 훈령은 만일 조신징부와의 담판이 결렬되는 경우에 최후통첩을 보내고 인천 제물포 일대를 점령하고 다음 명령을 기다리라는 강경한 것이었다. 그러나 이 시기 청군이 우세였고 일본으로서는 승산이 없었다. 결국 일본은 조일 간의 문제에 제3자, 즉 청조의 간섭을 불허한다고 했던 강경한 태도를 완화하고 마건충의 거중조정을 받아들여 濟物浦條約에 조인하였다.

즉 일본은 군사적 면에 있어서는 청에 압도되어 대결을 피하였다. 그러나 외교적으로는 일본인의 생명과 재산손실에 대한 보상을 받고 자국 공사관과 거류민을 보호한다는 명목하에 청과 마찬가지로 한반도에 군대를 주둔시킬 수 있는 권리를 확보함으로써 그 세력팽창의 터전을 마련하게 되었다. 이로써 한반도에서 청일 양국 간의 군사적 충돌을 거의 불가피하게 만드는 씨를 뿌려 놓았다고도 할 수 있다.

---

280) 『日本外交文書』 권15, 163쪽, 壬午軍亂際國際關係.
281) 申基碩, 앞의 논문, 1959, 65-66쪽.

복상 중이던 이홍장은 조정의 명령으로 喪期를 단축하고 9월 5일 천진으로 돌아와 직무에 복귀하였다. 그는 서울에 있는 오장경에게 신속히 사태를 처리한 데 대한 축하의 뜻을 표하는 서한을 보냈다. 거기에서 이홍장은 오장경더러 휘하 군병을 거느리고 조선에 남아서 조선정부 당국과 '保邦定亂之策'을 협의 강구하라고 명령하고, 대원군은 중국에 안치시켜 여생을 보내도록 하겠다는 결정을 전했다.[282]

요컨대 임오군란 이후 조·청·일 3국 간의 관계에 중대한 변화를 가져왔다. 첫째, 조청 조공책봉관계의 근본적인 변질이다. 청조와 조선은 원래 종주국과 속방으로 각각 도의적인 책임과 의무를 지고 있었다. 이러한 책임과 의무는 일정한 의례적 의식과 절차를 통하여 이어져 왔던 것이다. 앞에서도 언급하다시피, 이것은 '事大以禮 字小以德'으로 표현되었다. 따라서 政敎와 禁令, 즉 실질적인 내정과 외정에는 종주국인 청이 간섭하지 않는 것이 기본적인 원칙이며 전통적 관행이었다. 이 때문에 양국 간의 관계가 수백 년을 두고 큰 마찰이 없이 원활히 지속되어 왔던 것이다. 서방 제국과의 입약을 권도함에 있어 이홍장이 이유원과 私信 교환이라는 비공식 방법을 취한 것이나, 청조 당국이 조선 조정에 직접 명령하는 것을 피하고 이홍장으로 하여금 권도하는 간접적 방식을 취한 것은 모두 이 때문이었다. 그러나 임오군란이 발생하여 사태가 위급하게 되자 청은 내정과 외교의 자주라는 조공책봉관계의 기본원칙을 깨뜨리고 조선에 대한 일방적인 군사적 개입과 정치적 간섭

---

282) 吳汝綸 編, 『李文忠公全書』(臺北: 文海出版社, 1965, 이하 李文忠公全書로 약칭함), 譯署函稿 권13, 33 - 34쪽.

을 단행하지 않을 수 없게 되었다. 이는 그 후 계속된 조선에 대한 청의 부단한 간섭이 보여주듯이, 청의 종주권의 강화가 아니라 근본적인 변질이었다고 보아야 할 것이다.

보다 구체적으로 본다면, 청의 대원군납치사건에 대해 많은 조선인들도 이해하지 못하였다. 군란을 일으킨 병사와 민중들은 격분하여 權門을 약탈하고 청군과 교전하는 등 큰 소동이 야기되었고 反淸意識 혹은 反大國 정서가 전국적 규모로 확산되어 갔다.283) 이에 청 측은 대원군의 拘致가 과거 元이 忠宣王을 吐蕃으로 귀양을 보내고 忠烈王을 廣東으로 유배를 보낸 前例에 나른 것임을 밝힘으로써, 종주국의 입장을 내세워 조선의 내정에 직접 개입하려는 태도를 분명하게 드러내었다. 실제로 청군은 대원군을 납치한 뒤에 訓鍊大將으로 병권을 장악하고 있던 그 아들을 구금하고, 조선의 군인들이 주로 거주하던 枉尋里(往十里)를 습격하여 난의 가담자를 체포·처형하였다. 또한 군란을 평정한 뒤에도 청은 6營의 병력이 조선에 계속 주둔하면서 조선군대를 청국식으로 훈련시키는 등 내정에 직접 간섭하기 시작하였다.

뿐만 아니라, 임오군란 때에 청이 조선에서 취한 행동은 당시의 서방제국의 입장에서 볼 때에도 역시 불가사의한 것이었다. 즉 독립국으로 인정되는 한 국가에 대하여 다른 국가가 나서서 내란을 진압하고 告諭文을 발포하고 국왕의 아버지를 치죄하기 위해 자기 나라로 잡아갔음에도 불구하고, 이러한 행위에 대해 피간섭국의 군주는 간섭국의 군주에게 감사의 뜻을 표시하였다는 것이다. 당시

---

283) 김정기, 「大院君 납치와 反淸意識의 형성(1882 – 1894)」, 『韓國史論』 19, 1988, 492 – 493쪽.

駐淸 美國公使는 國務長官에게 보고하기를, 대원군을 잡아갈 때 마건충이 발포한 告諭文에서는 청의 황제가 조선에 대하여 주권을 가지고 있음을 확언하고 있지만 한미조약 조문에는 조선의 독립이 확인되어 있었다고 하면서, "이러한 大亞細亞的 帝國과 그 주변국가들 사이의 명확하지 않고 변화무쌍하고 신축성이 많으며 사라져 가고 있는 관계는 이해하기 곤란한 것이다."고 하였다.[284]

둘째, 임오군란 이후 한반도에 있어 청일 양국 간의 군사적 대치국면이 형성되었다는 것이다. 원래 이홍장이 서방제국과의 입약을 권도하게 된 것은 청의 군사력의 취약성을 자각하고 한반도에서 열강 간의 세력균형 국면을 조성함으로써 청이 일본 또는 러시아와 단독으로 군사적으로 대치하는 것을 피하려는 발상에서 나온 것이라고 볼 수 있다. 그런데 조선과 미·영·독 3국 간의 조약이 체결된 직후에 돌발한 군란으로 말미암아 바로 이홍장이 염려하고 피하려 했던 일본과의 단독적인 대치국면이 형성되었다. 나아가 사변처리 후에도 양국이 모두 서울에 계속 군대를 주둔시키게 되었다. 그리하여 2년 후 갑신정변이 일어나 양국 간에 충돌이 벌어지게 되었다.

조청 조공책봉관계의 변질은 이후 조선에 대한 청의 계속적인 간섭과 압력 등 여러 가지 형태로 구체화되었다. 그중 하나가 바로 1882년 10월에 체결된 朝淸商民水陸貿易章程이다.

앞에서 언급하다시피 조선과 청의 교역은 주로 조공사행을 통해 이루어졌고 자유롭게 무역선이 오고 가는 것은 엄격하게 금지되어 있었다. 따라서 강화도조약 체결 이후 조선의 개항장에서의 모든

---

284) 申基碩, 앞의 논문, 1959, 65-74쪽.

교역은 일본이 독점하고 있었다. 이러한 상황하에서 조청 간의 해금을 해제하고 민간무역을 허용하는 문제를 조선 측에서 먼저 제기한 바 있었다. 이것이 구체적으로 의논된 것은 1882년 5월 어윤중과 李祖淵이 한미조약 문제로 천진을 방문했을 때였다. 이때 청에서는 조선과의 商務를 貢務와 분리하여 전자는 서방무역과 마찬가지로 총리아문 소관으로 하고, 후자만을 종전대로 예부 소관으로 남겨두었다. 동시에 청은 이홍장에게 조선무역에 관한 장정을 마련하도록 명령하였다. 이를 위한 양측 간 교섭은 임오군란으로 중단되었나가 사변 처리 이후 조선정부가 나시 趙寧夏·김홍집·어윤중을 천진에 파견함으로써 재개되었다. 이홍장은 주복과 마건충으로 하여금 직접 교섭을 담당케 하였다. 이리하여 10월 4일 양측이 합의 서명한 것이 바로 조청상민수륙무역장정이었다.[285]

구체적으로 보면, 우선 당시 이홍장은 조선과 通商章程을 체결해야 할 필요성에 대하여 다음과 같이 上奏하였다.

> 臣 등이 미국·영국·독일 등 제국과의 조약체결 알선은 ……중국의 藩籬를 공고히 하려는 것이었다. 또한 중국은 地大博物하고 조선과 긴밀한 관계에 있어서 중국의 물자로서 조선에 팔 수 있는 것도 많고 조선의 人蔘과 布木·皮革·紙物 등 또한 華人의 일용품으로 수요된다. 만약 舊章을 고수하여 海禁을 열지 않으면 양국의 물자는 서로 교역되지 못하고 일본이나 서양 제국이 이익을 독점할 것이니, 이는 非計에 속한다. ……(조선에 대해) 차라리 금지를 풀어서 지방관으로 하여금 査案·收稅케 함이 좋을 것이다. 종전에는 양국의 邊民이 越界해서 ……엄벌에 처하였는데, 도저히 금절시킬 수 없었다. 또한 조선의 함경도 會寧·慶源 지방은 吉林·寧古塔을

---

285) 조청수륙무역장정의 구체적 내용에 관해서는 『고종실록』 권19 고종 19년 10월 경오 참조.

경유해서 庫爾喀人 등이 가서 교역을 해 왔는데, 人馬의 식량사료
와 운반 등에 민폐가 많아서 주민들이 露領으로 逃入한 자가 萬人
에 가깝다 하며, 조선 측은 이러한 폐단을 없애 줄 것을 원하고 있
다. 또한 奉天과 鳳凰城 사람들은 매년 춘추에 조선의 義州로 가서
교역을 하는데, 이것도 流弊가 많다. 이미 해금을 연 이상, 이 兩路
의 互市도 章程을 議定하여 종래의 방식을 변경함이 좋을 것이다.[286]

즉 이홍장과 그 幕僚들은 일본이 강화도조약에 의해 부산과 원
산, 인천의 무역을 독점하고 있을 뿐만 아니라 국제무역에 관한 조
선 측의 무지로 인해 해관을 설치하지 못하고 일본의 선박에 대한
港稅와 수입상품에 대한 關稅를 징수하지 못하고 있음을 알았다.
또한 자신의 권유로 조선이 서구열강과 체결한 통상조약으로 인해
조선의 각종 利權이 열강에 의해 均霑되고 있음도 알았다. 이에
반해 청은 여전히 구태의연하게 조선과 변경지방에서 일정한 장소
와 기일을 정해 교역하였기 때문에, 전통적 互市體制를 변혁할 필
요성을 실재하였다.

당시 조선정부도 통상을 확대하고 재정부담을 경감시키는 것이
국부와 국력을 증강시키는 방법이라고 판단하고, 그동안 국가재정
에 큰 부담이 되었던 전통적 조공책봉관계를 조정하기 위하여
1882년에 조공사절의 파견을 종결하는 대신 북경에 조선대표를 상
주시켜 대행케 함과 동시에, 전통적 한중 육로통상을 종결하고 대
등한 입장에서 청과 근대적 통상관계를 수립하기를 희망하였다.[287]

그러나 조선이 청과 체결한 상민수륙무역장정은 조선이 다른 국

---

286) 『淸季外交史料』 권29, 50쪽.
287) 金達中, 「中國의 對韓干涉 및 統制政策: 1880年代를 中心으로」, 『社會科學論集』
      12, 1981, 45쪽.

가들과 맺은 통상조약과는 몇 가지 점에서 성격을 달리하였다.

첫째, 조선국왕을 북양대신, 즉 이홍장과 동격으로 규정하고 양자가 각각 상무위원을 임명하여 서로 상대방에게 파견할 수 있었다. 전자가 파견하는 위원은 皇京이 아닌 천진에 주재하고, 후자가 파견하는 위원은 조선 왕경에 주재한다는 것이다.

둘째, 중국 상민들은 조선에서 완전한 治外法權을 보장받는 반면, 조선 상민들은 중국에서 중국 관헌의 사법권 아래에 있다는 것이다. 특히 이 장정은 통상조약이 아니라 무역장정이라는 이름으로 체결되었는데, 그 까닭은 종주국과 속방 사이에서는 통상적으로 대등국 간에 체결되는 통상조약이 체결될 수 없다고 청 측에서 주장하였기 때문이다. 조선 측에서는 다른 통상조약에 없는 특수한 내용이 이 무역장정에 포함되면 다른 국가들이 均霑할 가능성이 있음을 염려하였다. 하지만 청 측은 아예 장정의 前文에 "이 장정은 藩邦에 속한 조선을 우대하는 뜻에서 제정하는 것이니, 타국이 균점할 수 없다."는 문구를 삽입함으로써 다른 체약국이 최혜국대우 조항을 이용하지 못하도록 못을 박았다.

이 밖에도 장정의 체결을 통하여 청은 조선 내지 거주와 통상의 권리, 특수한 關稅率의 혜택을 받고 조선의 해상 방위를 담당할 수 있는 특수한 지위 등도 인정받았다. 그리하여 당시 駐淸 美國代理公使는 본국 정부에 보내는 보고에서 "장정의 前文을 보면, 조선국왕이 그의 주권을 행사하고 자신의 선택권을 행사한 것같이 보이지 않는다. ……장정에서 조선국왕이 중국황제가 임명한 관원과 같은 지위에 서게 된 것은 서양제국의 원수와 조선국왕, 중국에 주재하는 조선의 상무위원과 각국의 외교관, 청의 주한 상무위원과 주한 각국 대표자 사이의 외교관계를 혼란에 빠뜨리게 하였다."고 지적하였다.[288] 즉 장정에서 규정한 특수한 조청관계는 주청 미국 공사를 비롯한 서양 제국의 외교관들로 하여금 말 그대로 혼란에 빠뜨리게 하였다.

한편으로 청이 조청상민수륙무역장정 체결을 강행하여 조선이 청의 속방임을 명문화하고 청의 이익으로 규정된 특권에 대해 다른 외국이 균점할 바가 아니라고 하였음에도 불구하고, 서방제국들은 청의 조선에 대한 종주권을 인정하지도 않았고, 또한 조선과의 통상조약에 最惠國條款을 삽입하는 데 성공함으로써 청이 종주국으로서 획득한 모든 특권에 균점하기에 이르렀다.[289]

이와 같이 조청수륙무역장정은 속방을 우대하는 天朝의 은전이 아니라 당시 서방국가의 수법을 모방한 약탈적인 불평등조약으로 되어 버렸다. 바꾸어 말하면, 본 장정을 소위 "형식은 독립국가 간의 조약이면서도 내용은 조공질서적인 것이었다."고도 할 수 있다.[290]

이러한 점에 주목하면서 구선희는 조청상민수륙무역장정의 체결로 인해 조청 조공책봉관계가 와해되었다고 주장하였다.[291] 물론 본인의 의도를 어느 정도 알겠지만, 여기에서는 이 시기 청의 조선에 대한 종주권 강화 여부 실질, 바꾸어 말해 조청관계의 변질 정도(가일층 변질을 포함하여) 여부를 논하기에 앞서 조청 조공책봉관계의 시기구분에 있어서의 용어상의 문제를 잠깐 토의하고자 한다. 특히 전통적 조청관계의 특성변화에 대해 기존의 학계에서는

---

288) 『淸季外交史料』 권34, 45쪽.
289) 李完宰, 앞의 논문, 1987, 158 - 159쪽, 김기혁, 앞의 논문, 2007, 172 - 174쪽.
290) 최동희, 『조선의 외교정책』, 집문당, 2004, 226쪽.
291) 구선희, 「19세기 후반 조선사회와 전통적 조공관계의 성격」, 『史學硏究』 80, 2005.

변질, 와해, 붕괴 및 종결 등 용어를 혼용해 오는 경우가 있다고 생각된다.[292] 따라서 이러한 용어개념통일의 필요성이 있겠다. 특히 와해, 붕괴 및 종결 3개 용어의 차이를 규명할 필요가 있겠다.

결론적으로, 본고의 인식이라면 학술상의 혼란을 피하기 위해서라도 조청관계를 표현함에 있어서 상술한 3개 용어를 분리시키지 말고 동일한 개념으로 봐야 한다는 것이다. 즉 이들 용어의 공통적인 함의는 마땅히 '최종결속'이라고 해석되어야 할 것이다. 따라서 조청상민수륙무역장정의 체결은 조청관계의 변질의 한층 심화이지(가일층 변질) 와해(혹은 붕괴)라고 볼 수 없겠다.

한편으로, 다른 외국의 인식과 대처와는 관계없이 청은 조선에 대한 종주권을 거듭 강조하면서 조선의 내정과 외교에 대한 적극적 간섭을 계속 실행에 옮기기 시작하였다.

그중의 하나가 조선의 외교와 통상업무를 지도할 인원의 파견과 조선의 군대를 조련하는 일이었다. 조선의 외교와 통상업무를 주도함에 있어서 이홍장은 "조선은 일본과 定約通商 한 지 7년인데 아직 세관을 설치하여 관세를 받지 않고 있으며, 내년에 미·영·독 등 각국이 이어 와서 비준 교환의 교섭을 할 것이니, 반드시 적당한 인물을 골라서 指導援助 함이 긴요하다."고 하면서, 전 천진주재 독일부영사 묄렌도르프(Paul Georg von Mollendorff, 穆麟德)와

---

292) 서론에서도 언급하다시피 구선희가 조청상민수륙무역장정을 계기로 조청관계의 와해로 보는 반면, 김한규는 甲申政變을 계기로 조청관계의 붕괴라고 보고, 청일전쟁 후 마관조약의 체결을 조청관계의 종결로 보고 있다(『한중관계사』 Ⅱ, 아르케, 1999). 마찬가지로, 중국학계에서도 상술한 점에 있어서 일정한 혼란이 있는데, 특히 변질과 變通을 혼용하면서 그들의 실질적인 차이를 찾기 힘들다. 대표적인 예로, 張存武의 「淸季中韓關係之變通」(『中央硏究院近代史硏究所專刊』 14, 1985); 宋慧娟, 『淸代中朝宗藩關係嬗變硏究』(吉林大學出版社, 2007) 등을 들 수 있다.

서양 사정에 밝은 候選中書舍人 馬建常을 고문으로 조선정부에 추천하여 정부구조를 개편하게 하였다.[293] 묄렌도르프는 후에 朝露密約의 주모자로 이홍장의 격노를 사서 조선에서 축출당하게 되지만, 이때는 이홍장의 신임이 두터웠으며 청조와 이홍장을 위해 충실히 봉사할 인물로 지목되었던 것이다. 그와 마건상은 12월 중순 조영하, 김윤식과 함께 서울에 도착하였다. 묄렌도르프는 外署協辦과 총세무사에 임명되었으며 후에 전환국총재까지 겸하게 되었다. 조선정부는 마건상 등의 건의에 따라 1882년에 외교와 통상을 취급하는 統理交涉通商事務衙門(外衙門)과 軍國의 機務와 內政 일체를 장악하는 統理軍國事務衙門(內衙門)을 설치하였고, 이홍장이 보낸 두 명의 고문이 統理交涉通商事務衙門을 사실상 장악하였다.

이와 같이 청이 조선에 파견한 외교고문과 상무위원들은 종주국으로부터 직접 파견된 관원으로서, 조선의 내정과 외교를 간섭하는 청의 새로운 대조선정책의 실현수단이었다.

청은 조선의 내정과 외교뿐만 아니라 군사까지 장악하려 하였다. 청의 입장에서 볼 때, 임오군란을 겪은 후의 조선군대는 시급히 개편되어야만 했다. 일찍이 조영하 일행이 천진에 갔을 때 이홍장에게 군사교관의 파견과 신식병기의 공급을 요청하였다. 이홍장은 서울에 있는 오장경에게 이를 위임하였으며, 오장경은 자기 막하의 袁世凱에게 練兵事宜를 담당케 하였다. 원세개는 김윤식과 상의하여 1,000명의 조선장정을 선발하여 청국식 練勇 2營을 조직하였다. 그리고 일본의 원조로 조직됐던 別技軍을 개편·증원하여 前營과 後營을 편성하였다. 훈련방법은 淮軍 조련법을 채용하였으며 병기

293) 『淸季外交史料』 권30, 30쪽.

는 전부 천진 기기국에서 영국식 소총 1,000정과 탄약을 공급하였다. 각 군영 영사에는 閔泳翊을 비롯하여 전원이 오장경 휘하의 군관으로 채워졌다.

이리하여 조선은 신식병기로써 무장된 2,000명의 신식 新軍 兵力을 갖게 되었으나, 그 교관이 모두 청군의 무관이었기 때문에 조선군대는 실질적으로 청군의 통제하에 놓인 것과 다름이 없었다.

병권에 대한 통제뿐만 아니라, 이홍장은 오장경에게 내명을 내려 묄렌도르프와 마건상과 긴밀히 연락하여 조선정부의 외교·재정 등 각 분야에 걸쳐 감시를 소홀히 하시 말도록 나짐하었나. 이와 같이 이홍장이 오장경에게 기대한 역할은 일종의 監國에 가까웠다고 할 수 있다. 물론 이것은 임오군란으로 말미암아 청이 갑자기 조선에서 일본과 정면으로 대치하게 된 결과였다.

여기에서 또 한편으로 본고에서 상술한 상황들은 원리원칙이나 전통에만 집착하지 않고 현실에 적응하여 그 태도와 주장을 시기에 맞춰 조정하는 이홍장의 실용주의적 사고에 연유한 것이 아닐까도 생각된다.

이 밖에 장정 체결을 통해 청의 상인들은 종주국민으로서 조선에서의 治外法權과 土地房屋所有權, 자유 거주와 상업경영 권리, 조선 海運 독점권과 관세 감소의 특권, 조선 西海岸의 採魚權, 招商局 輪船의 정기항로 개설권, 漢江來往權 등을 획득하였다. 이로 인해 조선에 주재하는 청국 상인의 수가 급격하게 증가하여 조선 상인에게 큰 타격을 주었다.[294]

---

294) 김한규, 앞의 책, 1999, 843-856쪽, 김기혁, 앞의 논문, 2007, 174-176쪽.

2. 甲申政變 이후 청의 대조선 종주권 강화

종주권을 명분으로 한 전례 없는 청의 내정, 외정 개입과 간섭은 그 원인이나 연유를 막론하고 조선의 지배층과 백성들 사이에 점차 혐오와 반감을 유발하게 되었다. 더구나 20대 초반에 불과한 원세개와 같은 청군 군관들의 오만한 태도와 청병들의 작폐는 반청 감정을 더욱 자극하였다.

이러한 자연적인 민족적 감정과 반감을 대변하고 나선 것이 김옥균·박영효·洪英植·徐光範 등과 같은 일단의 소장관료들이었다. 이들은 또한 민씨일파의 정권독점에 대한 불만을 품은 명문출신들이었다. 개화당으로 지목된 이들은 대부분 1880년 초 한두 차례 일본을 방문하여 福澤諭吉(후쿠자와 유키치)과 같은 개명 인사들과 접촉하였고 명치일본의 발전 양상을 스스로 관찰할 기회를 가졌던 인물들이었다. 이들을 포함한 일부 진보적 지식인과 관료들은 실학사상에 고취되어 청말 진보적 사상사들이 저술한 세계 소개서들, 예컨대 魏源의 『海國圖志』 등의 영향을 받아, 일본의 明治維新 등을 모델로 하여 조정을 개혁하려 하였다. 단 이들은 일본의 선의를 기대하고 그 지원으로 정권을 잡자는 매우 타방본원적인 '독립당'이었다.

한편 청의 군사적 개입으로 정권을 다시 찾게 된 명성왕후와 척신·친신들은 종주국의 보호하에 정권을 유지하려고 하였다. 그중에는 주로 김윤식·閔台鎬·민영익·조영하·金炳始·尹泰駿 등과 같은 親淸的 경향이 강한 인물들이 있었다. 즉 이들은 조청 종속체제를 유지하여 청의 지도와 지원으로 국가의 자강을 도모하려는 사대당이기도 하였다.

이러한 정세하에 일본은 음양으로 독립당을 지원하고 조종하며 백방으로 세력 팽창을 획책하였다. 청은 공공연히 이들 세력을 비호하고 조선에 대한 통제를 강화하는 데 힘썼다. 임오군란으로 말미암아 한반도에 조성된 청일 간의 대립, 조선지배층의 내부분열과 반목은 깊어져 갔다. 이러한 청일 양국 대치국면에서 양자 간의 충돌을 유발하게 된 결정적 요인이 바로 베트남을 둘러싼 청불전쟁이었다.

1884년에 淸佛戰爭이 벌어지자 청조는 이홍장에게 사태처리를 위한 총체적 책임을 맡겼다. 이때 그의 관심은 주로 한반도에서 일본 세력을 견제하는 데 집중되어 있었다. 그는 청에 있어서 조선이 베트남보다 전략적으로 훨씬 중요하며 해군력에 있어 청이 프랑스의 적이 못 된다는 것을 잘 알고 있었다. 따라서 시종일관 프랑스와 전면적인 대결을 피하고 타협과 양보로 두 차례에 걸쳐 화의를 성립시켰다. 이로 인하여 그는 淸流黨 인사들로부터 엄청난 비난 공격을 받게 되었다.

반면에 청불전쟁은 일본의 조야를 흥분케 하였다. 일본은 청불전쟁을 이용하여 한반도에서 청의 세력을 축출하고 일본세력을 확대시키고자 하였다. 따라서 일본정부는 조선의 독립당을 원조하여 쿠데타를 일으켜 정권을 잡게 하는 계획을 세우게 되었다.

청불전쟁에서의 청의 참패는 조선의 사대당에 큰 충격을 주었으나 독립당에게는 희망을 주게 되었다. 특히 1884년 4월 이홍장은 프랑스군의 북양진공 위험에 대비하기 위해 오장경으로 하여금 서울에 3영의 병력만 남겨 놓고 나머지 3영을 이끌고 요동 錦州로 이동케 하였다. 또 이때 청조가 머지않아 대원군을 석방 귀국시킨다는 소문이 서울에 나돌기 시작하였다. 이 모든 것이 사대당의 사기를 소침하게 하고 독립당을 고무케 하였으며 고종의 태도까지 일본 쪽으로 기울어지는 상황에 이르렀다.

바로 이러한 상황하에서 1884년 12월 초 김옥균 등 독립당이 청의 간섭을 배격할 절호의 기회로 생각하고 쿠데타를 일으켰다. 이에 때를 맞추어 주한일본공사 竹添進一郎(다케조에 신이치로)가 공사관 경비경력과 장사들을 이끌고 참가함으로써 갑신정변이 일어나게 되었다.

개화파는 새로운 정부를 구성하여 14개조의 新政綱을 반포하고 조정의 개혁에 착수하였다. 傳敎로서 공포된 개혁안에서 대원군의 귀국이 주장되고 조공사행의 폐지를 통한 독립이 선언되기도 했다. 그러나 사회의 소수 상층부 인사들에 의해 쿠데타 형태로 진행된 이 개혁은 원세개를 중심으로 한 청 측의 즉각적 무력 개입에 의해 '三日天下'로 끝나 버렸다.

사실 정변이 일어나기 이전인 1884년 4월 오장경이 귀국한 후 이홍장의 추천에 의해 원세개는 朝鮮營務總理에 임명됨으로써 사실상 주한 청군의 주도적 인물이 되었다. 사변이 발생하자 統領 吳兆有와 주한상무총판 陳樹棠은 일본이 전쟁을 일으킬까 봐 두려워 좀 더 사태추이를 관망하자는 의견이었다.[295] 예를 들어, 1884년 12월 12일 밤에 진수당은 미국공사를 방문하여, 일본의 開戰에 대해 걱정하였다.[296] 그러나 원세개는 이를 무시하고 서울에 주둔하

---

295) 최동희, 앞의 책, 2004, 255쪽.

고 있던 2천여 명의 청군이 조선정부의 요청에 따라 출병하는 형식을 갖추게 하고 스스로 병사를 이끌고 왕궁에 진입하였다. 이어 청군이 新軍 병력과 함께 궁궐을 공격하여 일본군과 독립당인사들을 패퇴시키고 고종을 청의 군영으로 머물게 함으로써 정변을 제압하였다. 고종은 군영에 위문하러 온 각국 사신들에게 일본과의 강화를 상의해 줄 것을 요청하였다. 정변을 배후에서 지원한 竹添進一郎은 인천을 경유하여 본국으로 도피하고 김옥균·박영효·徐載弼 등 정변의 주도자들도 竹添을 따라 일본으로 망명하였다.

갑신정변을 동하여 청은 무력 개입을 통해 자기 정부의 동의 없이 조선의 정치지도력이 변화하는 것을 용인할 수 없음을 실증하였다. 김옥균정권은 명백히 反淸的이며 親日的이었기 때문에, 청의 개입은 거의 필연적인 것이었다.

여기에서 덧붙여 설명한다면, 한미조약 체결 이후 조선은 점차 국제법적 질서에 편입되게 되었는데 그 질서의 장점은 均勢로써 약소국이 안전보장을 유지해 갈 수 있다는 점이었다. 동시에 국제법질서의 단점은 약육강식의 권력정치의 냉엄함이라는 것이다. 즉 국제법질서는 형식적으로는 독립된 국가 간의 평등한 관계이지만 실제적으로는 국력을 배경으로 자국의 국가이익만을 추구하는 약육강식의 체계라고 할 수 있다. 국제법질서 형성의 이 시기에 있어서 조선은 그 질서의 냉엄함을 전혀 인식하지 못하였다.[297]

이러한 배경하에 정변의 사후처리를 위한 한일 간의 교섭이 1885년 1월 초 서울에서 개시되었다. 좌의정 김홍집이 조선을 대

296) 송병기, 『국역 윤치호일기』, 연세대학교 출판부, 2001, 211쪽.
297) 최동희, 앞의 책, 2004, 256 - 259쪽 참조.

표하고 외무대신 井上馨(이노우에 가오루)이 일본을 대표하였다. 회담과정에서 일본이 오히려 조선 측에 사죄와 배상을 요구하고 청에 대해서는 淸軍將領의 처벌과 피해 입은 일본인과 병사에 대한 구휼 및 청군의 철병 등을 요구하였다. 결국 1885년에 조일 양국 간에 漢城條約이 맺어져 조선이 국서로써 일본에 사의를 표명하고 조선정부가 11만 원의 보상금을 지불하게 되었다.

갑신정변 자체는 이로써 일단 해결되었으며 더 중요한 문제인 한반도에서 청일 간의 대립을 완화하기 위한 회담이 그해 4월에 천진에서 열렸다. 천진협정 체결과정에서 이홍장이 청을 대표하고 총리대신 伊藤博文(이토 히로부미)이 일본을 대표하였다.[298] 여기서도 청은 역시 일방적으로 양보하였다. 즉 청일 양국은 모두 조선에서 군대를 철수시킬 것, 양국은 함께 조선국왕에게 권하여 병사를 교련해서 치안을 스스로 하도록 하고 조선에 교관을 파견하지 않을 것, 장래 조선에 변란이나 중대한 사건이 발생하여 파병할 때는 반드시 상대국에 (외교)문서를 보내어 알리고 변란이 평정되면 즉시 철병하여 다시 주둔하지 않을 것 등을 약정하였다.[299]

결국 정변에 책임이 있는 일본이 추궁을 당하기는커녕 오히려 조약상 정식으로 청과 완전히 동등한 지위와 권리를 확보하였다. 특히 천진협정 체결을 통하여 일본은 정치, 군사적인 면에서 청과 동등한 영향력을 행사할 수 있게 되었다. 조청 양국의 수백 년 동안의 조공책봉관계를 고려해 볼 때, 일본이 청과 조선에서 정치,

---

298) 천진협정의 체결과정 및 구체적 내용에 관해서는 申基碩, 『韓末外交史硏究』(일조각, 1967)의 제3장 4절 참조.

299) 『日本外交文書』 권18, 290쪽, 162호 문서.

군사적으로 동등해졌다는 것은 일본의 외교적 승리였다고 볼 수도 있다. 반면에 청으로서는 조선에 대한 종주권에 적지 않은 상처와 손실을 입었다고 할 수 있겠다.

천진협정의 체결로 인해 입은 손실을 보충하기 위하여 청은 조청수륙무역장정에 의거하여 북양함대의 병선과 그 將領인 管駕官을 인천에 파견하여 철군 이후에 초래될 조선에서의 힘의 공백을 메우려 하였다. 예를 들어, 1883년부터 1887년까지 馬山浦와 인천에 입항한 외국의 군함은 모두 145척이었는데, 그 가운데 119척이 청의 병선이고 26척이 일본의 군함이었으며, 출항 척수도 청과 일본의 군함수가 130:27로 청의 병선이 일본에 비해 4－5배 이상의 우세를 보였다. 따라서 인천은 점차 북양함대의 일개 전진기지로 전락하였다. 이와 아울러 장패륜의 선후책에 따라 이홍장은 渤海灣管口의 馬兵과 步兵 합계 9管을 압록강변의 봉천 鳳凰邊門으로 이동·배치시키는 한편, 조선에 간첩을 파견하여 도로를 탐사함으로써 일본의 침공과 조선민중의 폭동에 대비하였다. 또한 청은 조선의 西路에 電線을 가설하여, 유사시에 북양함대와 奉天陸軍을 신속하게 투입할 수 있도록 조처하였다.[300]

이와 같은 일련의 군사적 조처를 통해 철군으로 야기될 조선에서의 힘의 공백 상태에 대비한 청은 이를 기반으로 하여 조선에 대한 종주권 강화를 적극 추진하였다.

그 하나의 조치는 진수당을 경질하고 원세개를 駐箚朝鮮總理交涉通商事宜(이후 駐韓辦事大臣으로 개칭됨)라는 직책에 임용하고

---

300) 김정기, 「淸의 朝鮮에 대한 軍事政策과 宗主權(1879－94)」, 『邊太燮博士華甲記念史學論叢』, 1985, 91－98쪽.

道員으로 승진시켜 종주국의 坐探國政大員으로 조선의 商務뿐만 아니라 외교까지 장악하게 하였다. 원세개는 이후 10여 년 이홍장의 조선정책의 현지 실행자로 그 직책과 권한은 監國이나 다름이 없었다. 그는 조선의 외교뿐만 아니라 내정에까지 적극적으로 간섭하였다.[301]

우선 원세개는 부임 직후 고종을 폐위시키고 그의 조카 李埈鎔을 새 국왕으로 세우는 한편 대원군으로 하여금 섭정케 함으로써 궁극적으로는 조선을 청에 합병시킬 것을 이홍장에게 건의하였다. 이때 원세개가 이홍장에게 올린 글에 아래와 같은 내용이 나온다.

> "러시아 정부가 행동을 개시하기 전에 청의 해군을 조선에 파견해야 하며, 그동안 우리는 조선국왕을 왕실에서 능력이 있는 자와 대체시켜야 한다. 그런 다음, 청 정부는 수천 명의 증원병을 파견해야 한다. 만약 이 계획을 대원군과 제휴하여 실시할 수 있다면 3 - 5일 안에 모든 일을 성사시킬 수 있다. 이러한 청의 결정적 간섭과 새 임금의 등극은 러시아로 하여금 결정적인 어떤 행동을 취하기를 주저하게 만들 것이 분명하다."[302]

데니(Denny)는 1888년에 상해에서 『淸韓論』(China and Korea)이라는 장문의 논문을 통해 원세개의 횡포와 부당한 내정간섭행위를 폭로하였다. 데니의 이 글에서도 원세개가 조선국왕을 廢立하는 음모의 구체적 실행방법이 나오고 있다.

---

301) 김기혁, 「이홍장과 청일전쟁」, 『근대 한·중·일관계사』, 연세대학교 출판부, 2007, 178 - 181쪽.
302) 『李文忠公全集』 권7, 143쪽, 海軍函稿 2.

清軍에 의해 잘 훈련된 조선 親軍을 왕궁 근처에 주둔해 두는 것
이 편리하다. 대원군, 즉 前攝政의 (雲峴)宮과 그의 가옥을 방화할
것이며, 폭도(대원군 추종자)들은 원세개가 현장에 나타나는 것을 기
다렸다가, 마치 갑신정변 때와 같이 왕궁을 습격한다. 청군에 의해
신식 군사훈련을 받은 조선 친군이 폭도를 진압한다는 구실로 경복
궁을 포위·장악한 후, 조선국왕을 잡아 궐외로 끌어내고, 그 대신
국왕 伯兄의 아들(李埈鎔)을 왕위계승자로 옹립하고, 전 섭정이 섭
정으로 복귀한다고 선언한다.303)

이홍장 역시 원세개의 건의에 동의하여 조선에 파병할 준비까지
진행시켰으나, 이러한 계획은 열강으로부터 항의를 받을 가능성이
높고 대원군 세력이 미약하여 성공하기 어렵다고 판단되어 결국
시행에 옮겨지지는 않았다.304)

제2차 朝露密約과 국왕 폐위음모를 계기로 보다 적극적인 조선
안보전략을 수립한 원세개는 1886년에 또 자신이 지은 「朝鮮大局
論」을 조선정부에 제출하였다. 이 글에서 그는 조선이 제국주의열
강의 치열한 경쟁의 와중에서 독립을 보전할 수 있는 방안을 구체
적으로 제시하였다. 원세개는 우선 조선의 국력에 대해 분석하였는
데, 즉 조선을 모든 나라 중에서 가장 빈약한 나라로 보았다.

"조선은 동쪽 모퉁이에 치우쳐 있는 나라로서 영토는 3,000리에
불과하고 인구가 천만도 못 되며 거두어들이는 徵賦도 2백만에 차지
못하며, 군대는 수천 명에 불과해서 萬國 중에 가장 빈약한 나라이
다. 지금 강대국들이 이를 핍박하니 ……강대국의 도움이 없기 때문
에 결코 자존하기 어려운 것은 자연적인 이치로서 천하가 共知하는
것이다. ……"

303) Owen N. Denny, China and Korea, 1888, 35 - 36쪽.
304) 金達中, 앞의 논문, 1981, 46 - 49쪽.

그럼 이러한 상황하에서 조선은 어느 나라의 보호를 받아야 할 것인가의 문제에 대해 원세개는 아래와 같이 분석하였다.

"어떤 사람들은 영국과 프랑스의 보호를 주장하기도 했다. 그러나 영국과 프랑스 양국은 남의 나라를 망치고 남의 영토에서 이익만을 추구하며 ……비록 독일은 병력이 강대하고 미국은 부강하지만 남의 문제에 간섭하기를 좋아하지 않고 남을 도우려고 하지 않으며 自保自存 하기에는 힘이 남지만 뜻을 멀리 두지는 않을 것이고 ……러시아는 아시아주를 욕심낸 지 오래여서 ……끌어들이지 않는다 해도 곧 들어올 터이니 ……일본인은 본성이 교활하여 오로지 이익만을 노리므로 그들과 화친관계는 맺을 수 있어도 그들에게 의지해서는 안 된다. ……조선은 본래부터 중국에 속해 왔는데 이제 중국을 버리고 다른 나라에 가려고 하니, 이것은 어린 아이가 부모를 버리고 다른 사람의 돌봄을 구하는 것과 같다."

즉 이상에서와 같이 원세개는 세계에서도 약소국인 조선이 믿고 의지할 수 있는 나라가 없다고 하면서 오직 중국만이 조선의 의지처가 될 수 있다고 논하였다. 이어 원세개는 조선이 중국에 의거해야 할 구체적 필요성에 대해 6가지로 나누어 제기하였다.

"조선이 중국에 의지하면 여섯 가지의 이익이 있다. 첫째, 중국과 조선은 나란히 붙어 있어 ……아침에 떠나면 저녁에 닿으니 위급할 때 구원을 즉시 받을 수 있다. 둘째, 중국은 천하를 한집안처럼 여기고 변방의 나라들을 한 몸처럼 대하기 때문에, 만약 변란이 발생하면 즉시 군사를 일으켜 평정해 주고 있다. ……임오년과 갑신년에 이미 실천한 사실이 있으니 그 은혜를 믿을 수 있다. 셋째, 중국은 大國으로서 小國을 보살피고 仁義를 극진히 베풀고 있다. 타국을 郡縣으로 삼지 않고 그 나라에서 조세를 거두는 일도 없다. ……넷째, 중국이 조선을 돌본 지 이미 수백 년이어서, 상하가 서로 의지

하고 臣民이 즐겨 중국을 따르고 있다. ……다섯째, 강대한 이웃나
라들이 조선을 둘러싸고 제각기 욕심을 채우려 하지만, 조청 양국이
굳게 결합되고 중국이 조선을 돕는다는 것을 알게 되면 침입해 올
틈이 없다. ……여섯째, 조선과 중국이 굳게 단결한다면 외부의 침
략을 물리칠 수 있을 뿐만 아니라 내정의 안정을 통해 나라의 부강
도 이룩할 계기를 마련할 수 있다."

　이상의 여섯 가지 이로운 점은 조청 간의 전통적인 조공책봉관
계의 장점을 의미하는 것이기도 하였다. 앞에서 언급하다시피 전통
적인 조청관계는 사대자소의 관계였다. 즉 그것은 지배와 복종이라
는 힘의 강약관계가 아니라 유교적 문화에 기초한 禮의 관계였다.
여기에서 원세개는 이 시기 조선과 청의 관계를 논함에 있어서 전
통적인 사대자소 관계의 좋은 점을 인용한 것이라고 볼 수 있다.
　바로 이어 원세개는 만약 조선이 중국을 배반할 경우 조선이 당
할 해로운 점을 아래와 같이 설명하였다.

　　"……가까운 거리에서 수륙의 대군이 함께 진군하여 국경을 넘어
　오면 ……결국 조선은 망하게 된다. ……한 번 중국을 배신하면 상
　하가 서로 의심하게 되고 인심은 날로 흉흉하고 이반되어, 중국이
　군대를 일으켜 問罪하기도 전에 내란이 먼저 발생할 것이다. ……조
　선이 만약 중국을 배반한다면, 중국은 반드시 신속하게 군대를 파견
　하여 조선을 점거하는 것이 상책이다. ……중국의 병력이 비록 歐洲
　의 그것에 미치지 못하지만 ……만일 군사를 일으켜 조선을 정벌한
　다면, 이는 마치 돌로 계란을 치는 것과 같다. ……조선은 스스로
　그의 임금을 세우고 스스로 백성을 다스리며 각국과 더불어 조약을
　체결하는 등 內治外交를 自主自行 하고 있으며, 다만 중국으로부터
　관할만 받고 있을 뿐이다. ……아침에 皇帝를 일컫다가 저녁에 파멸
　할 것이니, 그 득실의 계산은 판연히 알 수 있다. ……(다른 대국의)
　도움을 받고자 한다면, 중국을 빼고 어느 나라가 있겠는가."[305]

이상의 원세개의 조선대국론은 권력정치적 상황하에서 조선이 나라를 보존하는 길은 전통적인 조청관계를 계속 유지해 나가는 데에 있다는 것이었다. 바꾸어 말해, 조선에 있어서 갑신정변과 같이 일본 세력에 의존하려는 입장이나 러시아 세력을 끌어들이는 입장(조로밀약사건)은 조선의 영토와 주권 보장에 도움이 될 수 없다는 사실을 강력히 시사한 것이라고 볼 수 있다.

조선대국론 외에도 원세개는 時事至務十款과 論言四條를 조선국왕에게 바쳐 자못 위협적인 안보론을 개진하였고,[306] 조선국왕은 즉각 회답을 보내 독립자존을 위한 안보책을 강구할 것을 약속하였다.[307]

이 밖에 대조선 종주권 강화조치에 있어서 청은 조선의 재정을 장악하여 조선정부가 서구열강으로부터 외채를 차관하는 것을 허락하지 않는 대신 청의 차관만 공여받을 수 있도록 강요함으로써, 서방 자본주의세력이 조선에 개입하는 것을 막고 조선에 대한 경제적 지배력을 독점하려 하였다.

이어 이홍장이 취한 조치가 조선정부의 주요 재원인 조선해관을 통제하는 것이었다. 1885년에 이홍장은 묄렌도르프의 후임으로 미국인 메릴(Henry F. Merrill)을 조선해관의 총책으로 파송하여 영국인 총세무사 하트(Robert Hart)의 지시와 원세개의 협조로 조선의 해관을 청 해관의 한 分關과 같게 만듦으로써 조선이 청에 종속되어 있음을 내외에 증명하려 하였다. 한 가지 덧붙여 설명한다면,

---

305) 『淸季中日韓關係史料』 권4, 156쪽, 『고종실록』 권23 고종 23년 7월 경신.
306) 『고종실록』 권23 고종 23년 7월 경신.
307) 金源模, 「袁世凱의 韓半島 安保策(1886)」, 『東洋學』 16, 1986, 14－19쪽, 최동희, 『조선의 외교정책』, 집문당, 2004, 273－284쪽.

하트와 이홍장은 원래 그다지 협조적인 사이는 아니었으나 조선을 청에 종속시켜야 한다는 점에서는 의견이 완전히 일치하였다. 조선에 대한 청의 전통적 종주권을 인정할 뿐만 아니라 이를 강화하는 것이 당시 하트의 본국인 영국의 동아시아 전략이었던 것이다.[308]

청은 정치적·전략적 중요성을 갖는 조선의 전신체제도 장악함으로써, 조선에 대한 종주권을 더욱 강화시켰다. 청은 1885년에 朝淸電線條約과 朝淸釜山電線條約을 체결하고 1891년에 朝淸元山電線條約을 체결하여 조선의 전선을 가설하고 관리하는 권리를 획득하였다. 이로 인해 釜山線만 제외하고 나머지 京釜線·義州線·元山線은 모두 청의 電訊人員에 의해 중국의 재료를 사용하여 설립·관리되었다. 조선의 電政에 대한 청의 간여는 군사상 중요한 의미를 갖는 것으로, 이로 인해 조선에 대한 청의 영향력은 더욱 강화되었다.

이 밖에 청은 조선의 외교도 관리·통제하였다. 이는 주로 조선 측의 구미견사 문제에 대한 청의 간섭에서 찾아볼 수 있다. 1887년 8월 조선정부는 朴定陽을 미국에, 沈相學(뒤에 趙臣熙)을 유럽 5개국에 公使로 파견하기로 결정하였다. 그 동기와 목적은 증대되는 청의 간섭과 통제에 대한 불만과 반감을 지닌 조선의 왕실과 정부가 외교활동을 통해 조선의 자주와 독립을 과시하려는 것이었다. 이에 원세개는 백방으로 저지하려 했으나 이홍장과 총리아문은 조건부로 허가하였다. 즉 조선 측이 외국에 사절을 파견할 때는 다음의 3가지 조건을 반드시 준수하도록 요구하였다.

---

308) 김기혁, 앞의 논문, 2007, 186-187쪽.

첫째, 조선의 사절이 처음 각국에 이르면 먼저 中國公使館에 가서 보고하고 중국의 欽差大臣(公使)에게 청하여 당해 국가의 外務部에 함께 갈 것, 둘째, 연회나 교제 석상에서는 반드시 中國大臣의 뒤를 따를 것, 셋째, 交涉大事나 관계가 긴요한 사건이 일어나면 먼저 중국대신과 긴밀히 의논하여야 한다. 이러한 3端의 조건은 모두 '屬邦 分內之體制'로서 각국이 간여할 바가 아니다.[309]

청은 이 3端의 別約을 통해 종주국의 체면을 세울 수 있을 뿐만 아니라 재외 조선사절의 활동을 엄밀히 통제할 수 있을 것으로 기대하였다. 이보다 앞서, 청은 조선의 사절이 외국에 파견될 때 '屬邦으로서 마땅히 지켜야 할 體制'로서 반드시 준수하여야 할 3條를 요구한 바도 있었다.

첫째, 朝鮮國公使가 淸國公使와 公事에 관해 교섭할 때는 마땅히 '呈文'(즉 上官에게 올리는 仰裁書類)의 형식을 취할 것, 둘째, 왕래할 때는 '啣帖'(즉 紅色名啣)을 사용할 것, 셋째, 中國欽使가 朝鮮公使에게 公用으로 글을 보낼 때는 '硃筆'(즉 붉은 글씨)을 사용한다는 것.[310]

이상의 3조 3단은 청이 조선과의 종속관계를 제3국에서의 양국 관계에까지 적용시키려 했던 것이다. 한편 조선은 청의 군주로부터 사전 승인을 받는 절차를 다시 밟는 등의 상술한 조건을 받아들임으로써, 원래의 계획대로 駐美 및 駐歐羅巴 全權公使의 파견을 실행할 수 있었다. 그러나 조선이 구미에 상주 외교관을 파견하려 한 원래의 동기가 외교의 자주성을 확립하려는 데 있었기 때문에,

---

309) 『淸史稿』屬國傳1 朝鮮 ; 고려대학교아세아문제연구소, 『舊韓國外交文書』 권8(고려대학교 출판부, 1970, 이하 舊韓國外交文書로 약칭함), 384쪽, 淸案1 문서번호 660.

310) 『李文忠公全集』電稿8 寄朝鮮袁道 光緖 13년 7월 26일.

처음부터 청이 요구한 3조 3단의 조건을 실행할 의도를 갖고 있지 않았다.

駐美公使로 부임되어 그해 11월 출국하여 연말 워싱턴에 도착한 박정양은 이들 조건을 무시하고 독자적으로 외교활동을 벌였다. 즉 그는 미국에 도착한 후 청의 공사관을 방문하지 않고 독자적인 행동을 취함으로써 청이 조선에 요구한 3단의 조건을 처음부터 준수하지 않았다. 박정양은 보빙임무만 끝내고 곧 귀국한다는 약속을 무시하고 약 1년 동안 그곳에 체류하다가 일본을 거쳐 1889년 4월에야 서울에 돌아왔다. 원세개는 박정양의 독자직 행동에 대하여 조선정부에 격렬하게 항의하면서 그의 문책과 파면을 요구하였다. 이에 조선정부 당국은 모든 것을 박정양이 자의로 처리한 것이라는 변명을 되풀이할 뿐이었다. 결국 조선국왕은 청 측의 압력을 끝내 이기지 못하고 박정양을 소환하였으나, 그해 12월 원세개가 휴가로 임시 귀국한 틈을 타서 그를 처벌하기는커녕 오히려 道承旨로 승진 발령하였다. 이에 반해 駐歐羅巴公使로 부임되었다가 홍콩에서 사태를 관망하던 도중 청의 위협에 겁을 먹고 병을 구실로 스스로 귀국한 조신희에 대해서는 원세개의 만류가 있었음에도 불구하고 鼠配의 명을 내렸다.

조선정부의 외교활동에 대한 청의 간섭과 방해는 근대 국제법상 있을 수 없는 시대착오적 책동이었음은 물론이다. 이는 조청 간의 전통적 종속체제의 정신과 관행에도 위배되는 것이었다. 또 당초 이홍장이 조선에 대해 권도한 입약정책과 모순되는 것이며 그 정책이 추구한 한반도에 열강 간의 세력균형을 조성한다는 목적과도 상반되는 것이었다. 이러한 차원에서 청의 이와 같은 간섭과 방해

는 조선 외교의 근대화와 발전을 저해하였다고 할 수 있다.[311]

상술한 내용으로부터 볼 때, 임오군란을 계기로 이미 변질하기 시작한 조청 조공책봉관계는 갑신정변 이후에 이르러 청의 대조선 종주권 강화에 의해 한층 더 변질하여 갔음을 알 수 있다.

그러나 조선에 대한 전통적 종주권을 확인하려는 청 측의 공세적 노력은 성공적 결과를 맺지 못하였다. 일본의 조선 진출을 저지하려는 청 측의 적극적 노력에도 불구하고 일본은 정치 · 외교와 군사 · 경제 등 여러 방면에서 조선에 대한 영향력을 제고하였다.

앞에서도 보다시피 청이 개입하여 임오군란이 제압되었을 때도 일본은 조선과 濟物浦條約과 朝日修好條規續約을 맺어, 조선에서의 각종 특권을 확대하고 군대를 주둔시킬 수 있는 권한을 획득하였다. 청이 갑신정변을 좌절시켰을 때도 일본은 조선과 漢城條約을, 청과는 천진협정을 맺어 청과 동등한 出兵權을 확보하였다. 천진협정은 이후 淸日戰爭을 발발케 하는 단서를 제공하였다.[312]

3. 淸日戰爭과 朝 · 淸관계의 붕괴

1870년대부터 조선에서 전개된 청일 양국의 경쟁은 1894년에 조선을 무대로 전개된 청일전쟁을 통해 최종적인 승패를 결정지었다.

---

311) 申基碩,「朝鮮國의 美歐派使에 대한 淸國의 干涉」,『學術院論文集』2, 1960, 52 - 70쪽, 김기혁, 앞의 논문, 2007, 190 - 191쪽.
312) 김정기,「淸의 朝鮮에 대한 軍事政策과 宗主權(1879 - 94)」,『邊太燮博士華甲記念 史學論叢』, 1985, 115 - 116쪽, 김한규,『한중관계사』Ⅱ, 아르케, 1999, 867 - 873쪽.

청일전쟁은 1894년에 일어난 동학농민전쟁을 계기로 발발하였다.

1894년 2월 15일 전라도 고부에서 탐관오리의 탐학에 분노한 농민 1,000여 명이 동학접주 전봉준의 지휘하에 고부군수를 축출하고 관아를 파괴한 다음 일단 해산하였다. 4월 하순 다시 집결한 이들은 그 수가 수천에 달했으며 각지를 전전하여 도처에서 관병들을 격파하였다. 후에 조선정부는 이 동학농민군을 진압할 수 없게 되자 임오군란·갑신정변 때의 예를 따라 청에 파병을 요청하기로 결정하였다. 6월 3일 조선정부는 원세개에게 정식으로 청병을 요청하였나. 바로 이 결정이 이홍장의 조선정책의 파국을 초래하고 청일전쟁의 도화선이 된 것이다.

사실상 원세개는 이미 그 이전에 병조판서 민영준 등 청병론 지지자들과 파병문제를 밀의해 왔다. 그는 조선정부가 정식으로 요청만 하면 청은 언제든지 파병할 것이라고 확약하였다. 민영준 역시 원세개와 친밀한 관계를 유지해 온 세도대신이었다. 이로 미루어 볼 때 조선정부와 청병결정의 배후에는 원세개의 종용이 있었던 것이 틀림없다. 원세개는 청병이 동학군을 진압하여 다시 한 번 종주국의 힘과 권위를 과시하자는 의도였다.

조선의 파병 요청에 대한 청 정부의 구체적 반응은 아래와 같았다.

마침 잘되었다. 차제에 조선에 파병하여 병권을 장악하고 조선 내정에 깊이 간여하는 것이 우리의 장래 이익을 위하여 바람직할 것이다. ……우리의 군대가 조선에 파송되면 곧 일본에 알려야 하니, 일본도 군대를 파송할 것이 분명하다. 그렇게 되면 일본과의 무력대결도 불가피할 결정적 시기에 봉착하게 될 것이다. 그때를 위해서 우리는 만반의 태세를 갖추어야 할 것이다.313)

청은 이것을 약화된 자기 세력을 다시 강화할 수 있는 좋은 기회로 간주하여, 6월 4일 직예총독 葉志超 등에게 1,500명의 병력을 이끌고 출동하라고 명령하였다. 동시에 청은 '속방을 보호하는 舊例'를 따른 것으로 천진협정에 의거하여 출병 사실을 알린다고 일본에 통고하였다.

한편 동학농민군의 봉기 시초부터 일본의 군부와 팽창주의자들은 이를 이용하여 한반도에 군사적으로 진출하기 위해 비밀리에 주밀한 준비를 추진하였다. 외교 책략에 있어서 사실상 청의 파병을 기다려 온 일본은 출병 통고를 받은 즉시 제물포조약에 따라 공사관과 거류민을 스스로 보호한다는 명분으로 군함 7척과 육군 7천의 대병력을 조선에 파견하였다.[314]

이때 동학농민군은 전주를 점령한 후 엄청난 손해를 입고 사기가 저하되어 도망자가 속출하고 있었다. 이 기회를 이용한 정부군의 선무공작이 주효하여 전주성을 점령한 지 불과 12일 만인 6월 11일 봉기군은 스스로 성문을 열고 사방으로 도망치기 시작하여 일제히 자연 붕괴되었다. 청일 양국의 선발대가 조선에 도착하였을 때는 동학농민군이 이미 전주에서 물러난 뒤였기 때문에, 청일 양군의 조선 주둔은 무의미하게 되었다.[315]

따라서 조선정부는 청일 양국에 철병을 요구하였다. 예상치 못했던 일본의 대규모 출병에 경악한 원세개는 서울에 들어온 일본공사 大島圭介(오토리 게이스케)와 6월 12일과 13일에 걸쳐 회담하

---

313) 『淸光緖朝中日交涉史料』 권13 光緖 20년 5월 3일, 北洋大臣來電.
314) 『高宗時代史』(國史編纂委員會, 탐구당, 1970) 권3 고종 31년 5월 3일, 4일.
315) 申基碩, 앞의 책, 1967, 308 - 317쪽.

였다. 여기서 두 사람은 양국이 모두 이미 도착한 병력을 제외하고
는 더 이상 추가 파견하지 않기로 합의하였다. 15일에 양측이 다시
만나 청군은 400명, 일본군은 250명만을 남기고 모두 철수시키고
잔류 병력도 동학군이 진압된 후 철퇴시키기로 협의를 보았다.[316]

일본정부는 이때 조선에서 청의 세력을 철저하게 축출하고 자신
의 지위를 확립하기 위하여 청 측의 제안을 거부하였다. 그러나 서
방열강의 비난을 염려하여 외교적으로 소위 '피동적'인 입장에 서
기 위해 소위 청일공동조선내정개혁안이라는 것을 제안하였다. 그
내용은 조선에서 내란의 원인을 근설하기 위해 청일 양국이 공동
으로 조선의 내정을 개혁하자는 제안이었다.

일본이 이를 제안한 표면적 이유는 조선의 정치를 혁신시켜 동
학란과 같은 동란을 미연에 방지해야 동양의 평화를 유지할 수 있
다는 것이었지만, 실제 목적은 청이 받아들일 수 없는 난제를 제기
하여 전쟁을 일으킬 단서를 찾으려는 데 있었다. 즉 만일 청이 이
를 거절한다면 일본은 단독으로 단행할 것이며, 이것이 실현될 때
까지 절대로 철병할 수 없다는 것이었다. 청 측이 이 제안을 외국
에 대한 내정간섭이라고 기부하고 양국 동시 철병을 주장하자, 일
본정부는 6월 22일 소위 제1차 절교서라는 최후통첩을 보내고 조
선내정개혁을 단독으로 추진하겠다고 선언하였다. 청은 일본과 교
섭을 계속하면서 다른 한편으로는 서방열강의 조정을 모색하는 외
교활동을 벌였다.

이후 7월 14일 일본정부는 소위 제2차 절교서를 총리아문에 보
냈고 한반도에서 절대로 철병할 수 없음을 거듭 언명하고 앞으로

---

316) 『舊韓國外交文書』 권2, 日案2, 문서번호 2834 - 2839, 632 - 634쪽.

청일 양국 간에 의외의 변란이 발생하더라도 그 책임을 지지 않는 다고 선언하였다. 미국·영국·러시아 등 서방열강들도 청일 간의 조정을 시도해 보았으나 일본은 이를 받아들이지 않았다.[317)

후에 서울에 진주한 대규모 일본군의 압력을 이기지 못하고 원세개가 칭병하여 귀국하자, 일본은 더욱 강경한 태도로 나왔다. 조선의 중립적 입장을 알아챈 일본은 6월 21일 2개 대대 병력을 동원하여 조선의 궁궐을 장악하였다.[318) 일본은 무력을 앞세워 조선에게 전통적 조청관계를 청산하도록 종용하였다. 이어 23일 일본은 조선이 청의 번속임을 기초로 하여 성립된 조청상민수륙무역장정, 중강통상장정, 길림무역장정 등 3개 통상조약의 폐기를 강요하였다.[319) 그리고 24일 아산에 주둔한 청군을 추출할 것을 조선에 요청하였다.[320) 일본은 또 조선과의 동맹관계를 맺어 만약 청일 간에 전쟁이 일어나면 조선이 일본을 돕도록 하였다. 이어 일본군은 조선의 경복궁을 침입하여 국왕과 왕비를 감금 위협하여 대원군을 수반으로 하는 親日 정부를 성립시켰다. 일본의 압박하에 조선정부는 3개 조청 통상조약을 폐기한다는 공문을 원세개의 후임 唐紹儀에게 발송하고, '開國 503' 6월 23일자 諭旨를 통해 지금부터 조선은 자주국으로서 다시는 청에 조공하지 않는다고 선언하였다. 아울러 일본의 조종대로 조정의 大小事는 모두 대원군을 거쳐 품처케 하라는 傳旨가 내려졌다. 그리고 김홍집을 수반으로 하는 새로

---

317) 김기혁, 「이홍장과 청일전쟁」, 『근대 한·중·일관계사』, 연세대학교 출판부, 2007, 193-197쪽.
318) 『고종실록』 권31 고종 31년 6월 병인.
319) 『高宗時代史』 권3 고종 31년 6월 23일.
320) 『高宗時代史』 권3 고종 31년 6월 24일.

운 정부가 조직되어 親日開化派가 대거 중용되었다. 일본은 조선 정부로 하여금 일본군에게 청군을 조선에서 축출할 수 있는 권한을 위임케 하였다.[321]

이러한 상황하에서 일본이 먼저 전쟁을 도발하였다. 청일전쟁은 1894년 7월 25일(음력 6월 23일) 일본군이 아산만 부근의 풍도에서 청의 북양함대를 기습 공격함으로써 시작되었다. 개전 당시 아산에 주둔한 청병은 3천 명 정도에 지나지 않았으나, 일본병력은 서울에 진주한 수만도 5천 명을 넘었고 인천과 부산 등지에 주둔한 병력을 합치면 1만 8천 명을 헤아렸다. 청군은 수적으로 열세였을 뿐만 아니라 전략전술에서도 불리함을 극복하지 못하여 연전연패하였다. 조선 영내에서의 전쟁은 음력 8월 16일 미명에 시작된 평양전투를 끝으로 종식되었다. 청군은 전사자 약 2,000명, 포로약 600명에 달했고, 일본은 전사자 180명, 부상자 500여 명을 내었다. 청군을 음성적으로 도운 조선군도 많은 사상자를 내었다.[322]

일본은 전쟁 중에도 무력으로 조선정부를 강요하여 자신들의 제반 요청에 응하도록 하였다. 우선 暫定合同條約을 체결하여 京仁 京釜鐵道의 권리와 京仁 京釜電信線의 연장권, 전라도 연안 통상권 등의 이권을 탈취하였다. 그리고 동맹조약을 맺어 일본의 청군 축출을 조선이 지원하도록 강요하였다. 또한 일본은 日韓條約草案을 만들어 暫定合同條約을 조약화하고 大日本國大朝鮮國同盟秘密條約案을 만들어 전쟁에 의해 성립된 조일동맹관계를 영구화하려 획책하기도 했다.[323] 이와 더불어 일본은 20개조의 제2차 개혁

---

321) 최동희, 앞의 책, 2004, 326-331쪽.
322) 『高宗時代史』 권3 고종 31년 8월 17일.

안을 조선에 제시·강박하고, 개혁에 소극적인 대원군을 실각시켰다.

한편 외국군 주둔의 구실을 주지 않기 위해 전주에서 후퇴하여 자진 해산하였던 동학군이 다시 기병하여 '抗日救國'을 표방하면서 항일전을 전개하였으나, 일본군은 동학군도 곧 제압하여 반년여에 걸친 대규모 농민반란을 완전 진압하였다. 아울러 조선에서 청군을 제압한 후 일본 육군은 압록강을 건너 요동까지 진군하여 旅順과 大連, 威海衛마저 함락시켰고, 일본해군은 청의 북양함대를 궤멸시켜, 遼東(半島)과 山東이 모두 일본군에 의해 장악되었다.

이러한 상황하에 1895년에 청일강화조약, 즉 下關(馬關)條約이 체결되었다. 이 조약의 내용은 조선의 완전 독립과 자주의 인정, 요동반도와 대만 및 澎湖列島의 할양, 배상금 2억 냥과 兵費 50만 냥의 지급, 沙市와 重慶·蘇州·杭州의 개항, 조약 이행을 위한 威海衛의 保障占領 등으로 구성되었다. 이제 일본은 요동반도를 점유함으로써 중국 침략을 위한 전진기지를 확보함과 동시에 조선 지배를 위한 방호벽을 확보하게 되었다.

그러나 일본의 요동반도 확보는 남진을 노리는 러시아를 자극하여 열강의 적극적 간섭을 초래하였다. 러시아는 일본의 요동반도 점거가 동아평화를 깨뜨리는 중대한 위협이라 하여 독일과 프랑스를 충동하여 3국 공동으로 요동반도의 반환을 일본에 강박하였다. '三國干涉'이라 불린 이 국제적 압력에 굴복하여, 일본은 3천만 냥의 배상금을 받는 조건으로 요동반도를 청에 돌려주게 되었다. 그러나 요동반도는 청으로 돌아가지 않고, 99개년 租借의 형식으로 러시아에 귀속됨으로써 이후 한중관계의 전개에 미묘하게 작용하

---

323) 中基碩, 앞의 논문, 1967, 117쪽.

였다.

일본의 굴복은 조선정부의 역학관계를 굴절시켰다. 일본은 갑신정변으로 일본에 망명하고 있던 박영효를 귀국시켜 새로운 친일내각을 출범시켰으나, 親露세력의 성장과 국왕의 저항으로 박영효내각은 곧 붕괴되어 친일세력이 거세되고 이른바 ‘甲午更張’이라 불린 내정개혁은 무위로 돌아갔다. 이로 인해 일본이 왕비를 살해하는 ‘乙未事變’을 일으켜 조선의 親露경향에 완강히 도전함으로써, 조선을 둘러싼 국제경쟁은 露日戰爭에 이르기까지 러일 양국의 항생 양상으로 전개되었다. 그러나 오랜 기간 조신의 제1외교대싱으로서 조선을 둘러싼 국제적 경쟁을 주도하였던 청은 청일전쟁에서 패퇴함으로써 이러한 국제무대에서 완전히 탈락되었다.[324]

청일전쟁이 개시될 때, 일본은 선전포고에서 “조선은 일본이 처음으로 啓誘하여 列國의 伍伴에 끼이게 한 독립국이다. 그런데 청은 매양 조선을 속국이라 칭하면서 음으로 양으로 그 내정에 간섭하고 그 내란이 있을 때는 속방의 救難을 구실로 삼아 조선에 출병하였다.”[325]고 하여, 조선을 청의 지배로부터 독립시키는 것을 선전의 명분으로 삼았다. 청도 선전포고에서 “조선이 우리 大淸에 번속된 지 200여 년이 되는 동안 해마다 職貢을 닦았음은 中外가 다 아는 바라, 근래 10여 년간에 그 나라에 내란이 자주 일어남에 조정에서는 소국을 사랑하는 마음으로 누차 군대를 보내어 평정케 하였으며 관원을 보내어 그 나라 都城에 주재시켜 때에 따라 보호

---

324) 김성균, 「19世紀末 朝鮮의 對淸日關係」, 『한국사』 17(국사편찬위원회), 1978, 239 - 250쪽.
325) 『日本外交文書』 권27, 135쪽.

하게 하였다."326)고 하면서 종주국으로서 속국을 지키는 일을 戰爭
不辭의 구실로 삼았다.

이로 미루어 볼 때 청일전쟁의 제1차적 의미는 전통적 조청관계
의 지속 여부를 결정하는 데 있었다. 따라서 전쟁 후 일본의 승리
로 성립된 馬關條約의 제1조에서 "중국은 조선이 완전무결한 독립
자주국임을 분명하게 확인하고, 독립 자주체제를 훼손시키는 일,
예컨대 조선이 중국에 貢獻하는 典禮 등은 지금부터 철저하게 폐
절할 것"을 규정함으로써327) 조선에 대한 청의 종주권을 철저하게
부정하게 되었던 것이다. 이로써 청은 일본에 의해 조선에서 완전
히 축출되었고, 조청 간의 전통적 조공책봉관계는 정식으로 붕괴되
었다.

4. 朝·淸 근대적 조약관계의 성립

청의 패전 이후 조청 조공책봉관계는 붕괴되었지만 한편으로 수
백 년간 지속되어 온 전통이념이 일시에 철저하게 변혁되기는 어
려운 일이었다. 즉 청은 청일전쟁의 패전으로 조선을 자주독립국으
로 승인하도록 압력을 받았지만, '以大字小'의 종주국 관념은 여전
히 버리지 못하여 조선을 독립자주의 나라로 상대해 주지 않으려
하였다. 예컨대, 조선 측이 구미 각국과 같이 常駐使節의 교환을

---

326) 『淸季外交史料』 권32, 56쪽.
327) 王芸生, 『六十年來中國與日本』 권2, 三聯書店, 1979, 357쪽.

청 측에 제안하였으나, 청은 통상조약에 대해서는 비교적 융통성 있게 대응하였으나, 상주사절의 파견과 국서의 교환에 대해서는 매우 냉담한 반응을 보이면서 '屬國之禮'를 계속 유지하려 하였다. 그리하여 청일전쟁 이후 조청 양국 간에 놓인 최대의 외교적 현안은 대등한 입장에서 국교를 재개하는 문제였으며, 조선의 稱帝建元은 이 문제를 해결해 준 초석이 되었다.[328]

조선은 이미 1894년의 甲午更張 때 開國紀元을 사용함으로써 청과의 종속관계에서 벗어났음을(청의 속방이 아님을) 대외적으로 표현하였고, 군주의 칭호를 '主上殿下'에서 '大君主陛下'로 격상시킴으로써 자주독립국가의 권위를 찾으려 노력한 바 있었으며, 1895년의 乙未事變(민씨왕비 피살사건) 직후부터 稱帝와 建元이 조선의 조정에서 논의되기 시작했다. 그러나 을미사변 직후의 제1차 칭제 논의는 주한 일본공사와 을미사변에 간여했거나 을미사변 직후에 기용된 친일개화파 관료들에 의해 정략적으로 제기되었기 때문에 주한 러시아공사 베베로(Karl Waeber) 등 열강의 공사들의 적극적 반대로 인해 무위로 돌아갔으며, 단지 建元論만 성사되어 1896년(開國 505년)을 建陽 元年으로 삼고 陽曆을 채택 시행하였다. 그 뒤 1897년에 조선국왕이 俄館으로 播遷하고 열강의 이권침탈이 격화됨에 따라 관민 사이에 自主國權意識이 고양되고 獨立協會를 중심으로 자주독립운동이 일어나, 청의 사신을 맞이하던 迎恩門을 헐어 버린 자리에 獨立門을 세우고 청의 사신을 묵게 한 慕華館을 개수하여 獨立館과 獨立公園을 만드는 등, 전통적 사대의

328) 權錫奉, 「淸日戰爭 이후의 韓淸關係硏究」, 『淸日戰爭을 前後한 韓國과 列强』, 1984, 187 - 233쪽.

식을 바꾸는 의식혁명도 진행되었다. 그리하여 국왕이 俄館에서 慶
運宮으로 환궁한 뒤부터, 전직 관료와 儒生 및 改新儒學 계통의
지식인들이 전국각지에서 稱帝를 요청하는 상소를 올리고, 국왕 역
시 정부에서도 왕권의 위엄과 자주국가의 위신을 높이기 위해 칭
제를 적극적으로 추진하였다.329)

마침내 조선정부는 1897년에 국호를 大韓으로, 연호를 光武라
고치고, 국왕을 황제라 칭하여 국내외에 獨立帝國임을 선포하였다.
"'朝鮮'은 곧 箕子의 옛 封地의 이름이어서 당당한 帝國의 이름으
로 쓰기에 합당치 못하다."는 이유로 폐기하고, "본국은 三韓의 옛
땅"이라 하여 국호를 '大韓'으로 정하였다.330)

중국과의 전통적 관계를 의식하고 주자학적 명분론에 입각한 중
화사상에 구속되어 고려 말부터 중단되었던 圜丘祭가 재현되어,
새로 건설된 圜丘壇에서 告天祭와 황제즉위식이 東亞의 전통적
양식에 의거하여 거행되었다. 주한 각국 사절들이 조선국왕의 황제
즉위를 축하하였고, 일본·러시아·미국·영국 등 열강들이 大韓
帝國의 탄생을 승인하였다. 1899년(광무 3)에는 憲法이 제정·반
포되어, "大韓國은 세계 만국이 공인하는 자주독립제국임"이 천명
되었다. 稱帝建元의 추진 과정에 대하여 당시 조선의 外部大臣이
"일본은 우리를 돕고, 러시아는 우리를 저지하며, 독일과 프랑스는
우리를 놀리고, 영국은 우리를 속인다."고 하였듯이, 열강은 다양한
반응을 나타내었다.331) 그 가운데서도 청은 특히 민감한 반응을 보

---

329) 李玟源, 「稱帝論議의 展開와 大韓帝國의 成立」, 『淸溪史學』 5, 1988, 270-287
　　　쪽, 최동희, 앞의 책, 2004, 334-342쪽.
330) 『고종실록』 권36 고종 34년(광무 원년) 10월 13일 정유.
331) 『淸季中日韓關係史料』 권8, 30쪽.

였을 뿐만 아니라 이를 적극 저지하려 노력하기도 했다.[332] 그러나 대한제국의 성립은 조청 양국의 전근대적 관계가 공식적으로 청산되었음을 의미한다.

1899년(광무 3, 光緒 25)에 이르러 조선과 청은 다시 외교관계를 회복하여 상주하는 공사를 서로 교환함으로써, 전통적 조공책봉관계가 아니라 근대적인 상호 평등한 외교관계를 처음으로 수립하였다.

朝淸修好通商條約을 체결하기 위해 조선에 온 청의 全權委員 徐壽朋은 조선의 總稅務司 브라운(J. Mcleavy Brown)을 만나 그의 '駐劄朝鮮國欽差大臣'이라는 식함에 종속관념의 흔석이 남아 있나는 지적을 받고 '議約全權大臣'으로 직함 명칭을 바꿈으로써, 평등한 조약의 체결을 준비하였다. 이와 더불어 그는 상호 평등한 국가 간에 교환될 수 있는 형식을 갖춘, 다음과 같은 내용의 국서를 조선의 군주에게 전달하였다.

> 大淸國 大皇帝는 大韓國 大皇帝에게 삼가 문의한다. 우리 양국은 함께 亞洲에 위치하고 水陸으로 긴밀하게 연속되어 수백 년 동안 休戚을 함께 나누어 왔다. ……근래 세계 각국은 모두 自主自保를 公義로 삼고 있기 때문에, 光緒 21년에 맺은 中日馬關條約 제1조에서 중국은 귀국의 독립과 자주를 인정한다고 밝힌 바 있다. 멀리 舊好를 품고 가까이 時艱을 살펴 輔車辱齒의 뜻을 함께 강구해야 할 것이니, 이에 二品銜候補三品京堂 徐壽朋을 出使大臣으로 삼아 국서를 직접 갖고 漢城으로 가서 朕의 뜻을 대신 전하게 하였다. 이 大臣은 僕實忠誠하고 辦事明練하니, 대황제께서 그를 잘 접대하여 귀국의 정부와 함께 통상조약을 酌議케 하여, 이후부터 두 나라가 영구히 화호를 돈독히 하며 함께 昇平을 향유하기를 짐은 두터이 바란다.[333]

---

332) 李玟源, 앞의 논문, 1988, 269-297쪽.
333) 『淸光緖朝中日交涉史料』 권15, 17-18쪽.

朝清通商條約은 청일전쟁 이후 무조약 상태에서 자주와 독립을 추구하는 조선정부의 꾸준한 修約 요구와 이미 4천여 명에 달하게 된 조선 경내 청국 商民에 대한 보호라는 현실적 과제에 직면한 청조 정부의 이해가 조절되어 체결되었다. 6개월이나 소요된 협의 과정에서 邊界를 勘定하는 문제, 華商의 商棧을 漢城에서 撤銷시키는 문제, 紅蔘의 禁輸 문제, 犯人의 인도 문제와 韓民越墾者의 처리 문제 등이 조선 측에 의해 제기되어 일괄 논의되었으나, 紅蔘 禁輸와 韓民越墾, 交犯 문제만 해결되고 邊界勘定과 華商撤棧 문제는 명문화에 실패하였다. 修約 자체는 1882년에 체결된 朝美通商條約을 근거로 하였기 때문에, 총 15개조의 조문 가운데에는 領事裁判의 인정 등 불평등 요소도 포함되어 있었지만 양국에 함께 적용하는 조건이어서 평등한 조약이었다고 할 수 있다. 조청 양국은 이 조약의 체결로 인해 정치적으로 전통적 조공책봉관계에서 벗어나 근대적인 자주 평등의 우방관계로 진입하였다.[334]

1905년에 乙巳保護條約이 체결되어 조선의 외교권이 일본에 의해 장악되자, 주한 淸國公使館의 지위는 總領事館으로 격하되고 주일 청국공사관의 지휘를 받게 되었다. 같은 해에 일본이 러시아와의 전쟁에서 승리하자, 당시 주일 淸國代辦은 "中日戰爭이 일본이 조선을 독립국으로 하려는 의도에서 일으킨 것이라면, 露日戰爭은 일본이 조선을 보호국으로 만들려는 데 있다. ……명치 이래로 일본은 유구를 멸망시키고 대만을 할양한 다음, 다시 사할린을 할양하고, 이제 다시 조선을 병합하려 하니, 일본의 욕심은 어디에서 끝날 것인가."라고 우려하였다.[335] 실제로 일본은 1909년에 청

334) 權錫奉,「韓淸通商條約의 締結」,『東方學志』54·55·56合集, 1987, 89-134쪽.

과 間島協約과 滿洲五案件에 관한 협약을 체결하여 東三省에 대한 침략의 의욕을 드러내는 한편, 청에 대해 조선의 대리 역할을 수행하였다. 곧이어 1910년에 韓日合拼條約을 체결한 일본은 조약의 내용을 청에 통고하면서 그동안 조선과 각국 사이에 체결된 모든 조약을 파기한다고 선언하면서, 단지 청일 간에 체결된 간도협약만은 여전히 유효하다는 단서를 남겨 두었다.[336)

---

335) 『淸季中日韓關係史料』 권2, 601쪽.
336) 中福龍, 앞의 논문, 1989, 240 - 241쪽, 김한규, 앞의 책, 1999, 876 - 885쪽.

VI 結論

본서는 조공책봉관계가 조선시대를 포함하여 고대로부터 전근대 전 시기를 통한 한국과 중국의 외교시스템이라는 차원에서 조청 조공책봉관계의 성립, 전개, 동요, 변질, 붕괴 등 변화과정을 전반적으로 고찰함으로써 이를 중심으로 조청 외교관계의 기본실상과 변화특징을 살펴보았다.

　조청 조공책봉관계를 주로 5개 단계로 나눔으로써 이를 토대로 조청 외교관계의 시기별 특징과 전반흐름을 추출하면 다음과 같다.

　첫 번째 단계는 조청 조공책봉관계의 성립 시기이다. 이 부분에서 조선과 청과의 조공책봉관계의 형성과 전개를 살펴보기 위해 먼저 조청 조공책봉관계의 큰 틀이라고 할 수 있는 동아시아 조공책봉 외교체제의 기본특징을 종합적으로 고찰해 보았다.

　17세기 이전 동아시아 세계에서는 대체로 중국을 중심으로 주변 국가와의 사이에 책봉과 조공을 주고받는 종주국과 번속국의 관계로 국제관계가 맺어졌다. 이러한 동아시아 국제관계를 지탱해 주는 것이 바로 중국 봉건제도의 禮에 기초한 화이의식이다. 지상의 모든 나라는 실제로 중국에 조공을 하건 하지 않건 이론상 중국의 조공국이라고 생각하는 문화적 우월감이 화이사상의 핵심이다. 화이

의식은 漢代 이후 이웃나라들에 적용되었고 점차 臣禮行爲를 요구하는 조공과 책봉의 외교규범으로 정형화되어 갔다. 따라서 조공책봉관계는 상하차등적인 국제적 외교관계라고 할 수 있다.

이러한 조공책봉관계는 명청시대에 이르러 제도적으로 완비되어 갔다. 한편으로 동아시아 조공책봉관계는 서구사회의 종속관계에 비해 실질적인 차이가 있다. 전근대에 이르기까지의 동아시아 국제사회 속의 종속관계가 문화주도형 – 차등관계라고 한다면 근대적 의미에서 말하는 서양 국제사회 속의 종속관계는 정치주도형 – 차등관계라고 할 수 있겠다. 따라서 서구사회의 실질적인 종속관계와 비교할 때, 전통적인 조공책봉체제하에서 종주국은 번속국의 내정·외교에 거의 간섭하지 않았다는 것이다. 이러한 특징들 역시 조공책봉관계가 고대로부터 전근대에 이르기까지 장기적으로 유지될 수 있었던 내재적 원인이라고 할 수 있겠다. 물론 조선을 비롯한 주변 번속국의 외교 자주성도 간과해서는 안 되는 것이다.

이어서 여진을 둘러싼 조선과 명과의 외교관계를 고찰하였다. 우선 고대 한국 국가들과 중국 국가들의 전통적인 외교관계는 형식상 조공책봉제도에 의해 건립·전개되었고 양국의 외교적 관계는 거의 지속적으로 조공책봉체제에 기초한 사대자소관계의 성격을 유지해 왔다고 볼 수 있겠다. 따라서 明에 대하여 誠으로써 사대외교를, 일본과 여진 등에 대하여는 信으로써 교린외교를 펴 나간다는 것이 바로 조선의 사대교린정책이다.

이러한 외교정책을 토대로 조선은 명과의 조공책봉관계를 유지함으로써 안보외교, 경제·통상외교, 문화외교를 활발하게 추진할 수 있었다. 특히 유교사상을 중요시한 조선은 명과의 강한 문화적 일체감을 갖고 있었고, 또 주변의 여진이나 유구・일본 등에 대해서는 상대적으로 문화적 우월감을 갖고 있었다. 반면에 여진은 누르하치에 의해 통일되기 전까지는 요동에 부족 단위로 흩어져 살면서 경제・문화적인 면에서 조선이나 명에 크게 뒤져 있었다. 따라서 조선에 입조하여 초유를 받은 여진 제 부족은 대부분 명에도 입조하여 책봉을 받음으로써, 이른바 朝・明 양국에 대한 이중적 兩屬關係를 성립시켰다. 따라서 이 시기에 조선과 명, 여진 사이에는 복잡한 삼각외교체제가 펼쳐졌다. 특히 이 부분에서 기존의 연구 성과들에 대한 종합적인 토의를 토대로 여진과 조선과의 외교관계 특성에 대해 다시 검토해 보았다. 특히 기존에 양자관계를 논함에 있어서 교린관계, 조공관계 혹은 양자 관계를 혼용해 부르는 점에 착안하면서 조선과 여진의 외교적 관계는 마땅히 교린관계, 보다 정확하게 말하자면 기미교린관계라는 점을 재조명하고자 하였다.

명과 조선을 주축으로 한 동북아 외교질서는 당시 주변지역에 속해 있었던 여진이 후금이라는 나라를 세워 명과의 군사적 패권을 다투게 되면서 붕괴되기 시작했다. 후금은 문화 면에서는 명이나 조선에 크게 뒤져 있었으나 막강한 군사력을 보유하여 힘에 의한 패권질서를 새롭게 확립하고자 하였다. 조선은 후금의 무력의 힘에 밀리면서도 오랜 세월 지켜왔던 여진에 대한 문화적 우월 의식을 쉽게 떨쳐 버리질 못했다. 그래서 조선은 두 번에 걸친 호란을 당하게 되었고 힘에 의한 굴욕적인 조공책봉관계를 맺게 되었다. 따라서 이 시기(1637 – 1644) 조선과 청의 조공책봉관계는 강압적・약탈적인 성격을 띤 전통적 궤도를 벗어난 관계였다. 따라서 이 시기에 이르러 조선과 명의 전통적인 사대외교관계는 후금(후의 청)의 충격하에 붕괴됨과 동시에 전통적 궤도를 벗어난, 즉 강압적이고 힘에 의한 조청 사대외교관계가 점차 그 맥을 이어 나갔다고 할 수 있겠다.

두 번째 단계는 조청 조공책봉관계의 전개부분이다. 1644년 입관 이후 청이 명의 패권적 지위를 계승하게 되었고, 조선에 대한 완화책이 단계적으로 채택되었다. 중원에서의 청의 패권적 지위가 확립되어 가자 조선과 청의 조공책봉관계도 점차 쌍무적 관계로 전환하게 되었다. 그러나 조선은 청과의 실질적 교역을 추진해 가면서도 정신적인 면에서는 문화적 일체감을 갖지 못했다. 조선은 자신을 명의 문화를 계승한 중화의 실체로 인식하게 되었고, 청에 대한 문화적 우월 의식을 계속 갖고 있었다. 하지만 18세기 중엽 이후 청이 과거 중국의 정치·경제·문화를 한 몸에 담고 있는 현실적 존재로서 다가옴에 따라 조청 관계는 전통적인 조공책봉관계로 전환되어 갔다. 이러한 관계는 19세기 중엽 서구열강이 동양으로의 침투 이전에 이르기까지 큰 변화 없이 이어졌다고 할 수 있겠다. 양국 외교관계에 비춰 볼 때 이 시기를 전통적인 조청 외교관계 시기, 즉 조선의 주권과 내정이 청의 간섭을 받지 않고 상호 자주적인 외교를 펼쳐 간 시기라고 볼 수 있다.

세 번째 단계는 개항 전후 전통적 조청 조공책봉관계의 동요 시기이다. 17세기 이래 조청 양국 간 외교의 근간이 되어 온 전통적 조공책봉관계는 의례적이고 명분론적인 국제관계였다. 즉 양국관계에 있어서 명의상으로 청은 종주국이고 조선은 번속국이라 하지만 실질상으로 볼 때 청은 조선의 내정 외교에 거의 간섭하지 않은 전통적이고 특수한 관계였다. 그러나 이러한 특수한 관계는 양국 사이나 주변에 위협적인 제3세력에 의한 도전이 없이 중국이 세계의 유일한 강대국으로 존재하는 상황이거나 혹은 제3세력에 비해 중국의 국력이 우세인 조건하에서 성립·유지될 수 있었다.

개화기 전후에 이르러 전통적 조청관계의 특성문제는 서구열강 및 일본에 의해 끊임없이 제출되었다. 이에 청은 "조선은 청의 속국이나 내정과 외교를 스스로 주관한다."는 논리로써 서구열강과 일본을 이해시키려 노력하였다.

18/1년 淸日修好條規의 체결을 통하여 일본은 청과 내등한 위치에 서게 되었다. 1876년 강화도조약 체결 이후 조선으로서는 형식적 내지 이론적으로는 청과의 전통적 관계를 유지하는 동시에 근대 국제사회에 편입되었다. 청은 한편으로는 일본을 견제하기 위해 조선에 서구열강과 통상할 것을 권유하고, 한편으로는 조선에 대한 종주권을 강화하려 하였다. 이러한 배경하에서 청에 의해 선택된 것이 조선에 대한 서방열국입약권도책이었다. 1882년에 조선이 미국 등 서구열강과 차례로 수호조약을 체결한 것은 이러한 청측의 권유가 작용한바 컸다고 볼 수 있다. 이렇게 됨으로써 전통적 조청관계는 동요되기 시작하였고 근본적 변화를 강요받게 되었다.

한편으로 종래의 조청관계는 형식적으로는 상호 차등적이었으나 실질적으로는 독립적인 것이었다. 한미조약을 비롯한 조선과 서양 제국과의 조약체결 과정에서 청이 조선에 대한 청의 종주권을 강조하고자 시도하였지만 아직까진 실질적인 내정간섭이 없었고, 조약체결을 알선한 것도 조선의 의지와 相違되는 것이 아니었다. 즉 이때까지는 비록 조청 조공책봉관계가 일본, 러시아 및 서양열강들의 충격하에 동요되기 시작하였지만 실질적인 변질은 없었다고 볼 수 있다. 따라서 조청 외교관계에 있어서 이 시기를 근대적 동요 시기라고 할 수 있겠다.

네 번째 단계는 조청 조공책봉관계의 변질 및 붕괴 시기이다. 조선의 내정과 외교에 대한 청의 적극적 개입과 간섭은 조선의 임오군란과 갑신정변에 대한 적극적 간여로 본격화되었다. 특히 임오군란 이후 종주국으로서 속방을 보호한다는 것이 청군 파병의 명분이었으나, 이는 종주국으로서 내정간섭의 권리가 없다고 스스로 선언하였던 청의 과거 주장과는 판이한 것이었다. 일본의 대조선 세력침투를 우려한 청은 이 기회를 이용하여 조선에 대한 우월한 지위를 회복하고 약화된 종주권을 공고히 하려 하였다. 조선에 진주한 청군은 대원군을 납치하고 조선군을 청국식으로 훈련시키는 등 조선의 내정까지 직접 통제함으로써 내정과 외교의 자주라는 조공책봉관계의 기본원칙은 파괴되고 따라서 조청 조공책봉관계는 사실상 변질되기 시작하였다.

전통적 조청관계의 변질은 조청상민수륙무역장정에도 구체적으로 반영되었다. 장정체결을 통하여 청은 조청 종속관계를 명문화시켰다. 조청 간에 근대적 통상체제를 수립하여 일본인에 의한 조선시장의 독점을 막기 위해 추진·공포된 이 장정은 전통적 종주권에 의해 정당화된 것이기 때문에, 조선에 대해 보다 착취적이고 약탈적인, 조선정부가 각국과 맺은 불평등조약 중에서도 가장 불평등한 조약이었다. 이로 인해 '事大以禮 字小以德'이라는 조청 간 조공책봉관계의 유교적 도덕기초는 완전히 무너지고 양국 간의 조공책봉관계는 가일층 변질되었다고 볼 수 있다.

한편으로 기존 학계에서 일부 학자들이 조청상민수륙무역장정 체결 이후 조청관계가 와해되었다고 보는 견해가 있는가 하면, 갑신정변 이후 조청관계가 붕괴되었다고 보는 견해도 있는 등 용어상의 혼란이 존재하고 있다. 이러한 점에 착안하여 본고에서는 전통적 조청관계의 특성변화를 표현함에 있어서 용어상의 문제를 종합적으로 토의하였다. 특히 와해, 붕괴 및 종결 3개 용어의 차이를 규명할 필요성을 강조하였다. 즉 조청관계를 표현함에 있어서 상술한 3개 용어를 분리시키지 말고 동일한 개념으로 봐야 할 것이고, 그 함의는 마땅히 '최종결속'이라고 해석되어야 할 것이다. 따라서 예를 들어, 조청상민수륙무역장정의 체결은 조청관계의 변질의 한층 심화이지(가일층 변질) 와해(혹은 붕괴)라고 볼 수 없다는 것이다.

갑신정변 이후 군사적 조처를 통해 철군으로 야기될 조선에서의 힘의 공백 상태에 대비한 청, 이를 기반으로 하여 조선의 외교와 내정에 적극 개입·간섭하였다. 청은 우선 조선의 재정을 장악하여, 조선정부가 서구열강으로부터 외채를 차관하는 것을 허락하지 않는 대신 청국의 차관만 공여받을 수 있도록 강요함으로써, 서방 자본주의세력이 조선에 개입하는 것을 막고 조선에 대한 경제적 지배력을 독점하려 하였다. 또한 청은 조선정부의 주요 재원인 조선 해관을 통제하였다. 이홍장과 원세개의 강경책하에 청은 조선의 외교도 관리·통제하였다. 조선외교에 대한 청의 간섭은 조선의 주미공사 파견을 저지함으로써 절정에 이르렀다. 이러한 상황들은 조청 전통적 조공책봉관계가 기본적으로 변질하고 있음을 나타내는 것이었다. 따라서 조청 외교관계의 변화과정에 있어서 이 시기를 전통적 외교관계의 변질 시기라고 할 수 있다.

다섯 번째 단계는 조청 조공책봉관계의 붕괴 시기이다. 1895년 청일전쟁 패배 이후 청은 馬關條約의 제1조에서 "중국은 조선국이 완전무결한 독립 自主國임을 분명하게 확인하고, 독립 自主體制를 훼손시키는 일, 예컨대 조선이 중국에 貢獻하는 典禮 등은 지금부터 철저하게 廢絶할 것"을 규정함으로써 조선에 대한 청의 종주권을 완전히 포기하게 되었다. 이로써 조청 간의 전통적 조공책봉관계는 정식으로 붕괴되었음을 알 수 있다. 이어 1899년에 이르러 조선과 청은 다시 외교관계를 회복하여 상주하는 공사를 서로 교환함으로써, 전통적 조공책봉관계가 아니라 근대적인 상호 평등한 외교관계를 처음으로 수립하였다. 특히 朝淸通商條約의 체결로 인해 조청 양국은 정치적으로 전통적 조공책봉관계에서 벗어나 근대적인 자주 평등의 우방관계로 진입하였다. 조청 외교관계의 변화과정에 있어서 이 시기를 전통적 외교관계의 붕괴 시기 혹은 근대적 조약전환 시기라고도 볼 수 있겠다.

상술한 내용들을 다시 종합해 본다면, 조청 조공책봉관계를 다섯 개 단계로 나눔에 따라 조청 외교관계도 전통적인 조명 사대외교관계에서 강압적인 조청 외교관계, 다시 전통적인 사대외교관계로 돌아왔다가 개항기에 접어들면서 근대적 동요, 변질, 붕괴 등 시기를 거쳐 나중에 상호 평등한 근대적 외교관계로 변해 갔음을 알 수 있다.

상술한 논거 외에 몇 가지 특징적인 문제를 강조함으로써 본고의 연구결과를 제시하고자 한다.

첫째, 전통적인 조청 조공책봉관계가 장기적으로 유지될 수 있었던 내적 원인에 주목할 필요가 있을 것이다. 즉 힘의 강약, 흔히 말하는 힘의 논리에 의한 원인이 한 면일 것이고, 한편으로 고대로 부터 내려온 동아시아 조공책봉제도의 사상적 배경, 나아가 소위 '禮治·德治·文治'라는 대외외교제도의 특징 역시 홀시해서는 안 된다고 본다. 즉 청이 조선의 종주국으로 자처해 온 목적, 원인이 조선을 근대적 외교의미에서 말하는 속국으로 만들기 위한 것이 아니었다. 그것은 德治를 강조하는 동양적 특색이 있는 외교질서라 고도 할 수 있겠다.

둘째, 특히 개항 이후부터의 조청 조공책봉관계와 양국 외교와의 관계에 있어서의 내재적 의미로서 몇 가지 정리해 보고자 한다. 하 나는 自主와 獨立에 관한 것인데, 전통적이면서도 특수한 조청관 계는 서양열강 및 일본에게는 혼란 그 자체였다. 그들로서는 '자주' 와 '독립'을 달리 이해하기 힘들었지만, 당사자인 양국이 모두 이 를 인정하는 한 쉽게 해결할 수 있는 문제가 아니었다. 이는 어디 까지나 관념적인 논쟁이었을 뿐이며, 중요한 것은 열강에게 조선에 대한 청의 종주권을 실질적으로 뒤엎을 만한 실력이 있느냐의 여 부였다. 또 청의 입장에서 볼 때 이는 조선 문제에 개입할 사안이 생기면 조선은 독립국이 아님을, 회피할 사안이 생기면 조선에 자 주권이 있음을 명분으로 내세울 수 있는 이슈이기도 했다.

그리고 형식과 실제에 관한 것인데, 전통적으로 조선은 내치·외 교를 자주적으로 처리했고, 청은 이를 존중했다. 그러나 열강의 진 출과 더불어 조선에 대한 청의 종주권이 흔들리기 시작하였다. 그 렇다고 함부로 그 어떤 조치를 강요할 수 없었던 청으로서는 그 가 장 좋은 대안이 바로 '조선의 요청'을 받아들여 간여하는 형식을 빌린 것이다. 이러한 형식마저 깨짐에 따라 전통적 조청관계는 변질하기 시작하였다고 볼 수 있겠다. 한편으로 본 연구는 적어도 1882년 임오군란 이전까지 청은 이 형식을 존중했다고 생각한다.

다른 하나는 명분과 실리에 관한 것인데, 동아시아 국제질서의 중심이었던 청이 최후의 속방인 조선을 놓고 열강과 각축을 벌이는 상황에서 '自主的 內治·外交'라는 명분을 계속 지키다가는 실리를 얻는 데 지장이 될 수도 있다. 반면에 조선으로서는 자주적 근대개혁을 실행하고자 하는 자신의 실리를 위해서는 속방의 짐을 벗어야 하는 입장이었다. 임오군란 이후 청은 실리를 위해 이전에 열강에 내세웠던 종속관계의 명분을 포기했던 동시에 조선 역시 청의 간섭을 벗어나고자 했다. 바꿔 말해, 조공책봉관계도 자국의 이익을 위해서는 변형될 수 있는 하나의 수단으로 될 수도 있다는 점이다.

한 가지 더 강조하고 싶은 것은 전통적 조청관계는 쌍무적이었다는 것이다. 즉 조선이 의례를 갖추고 사대하면 청은 '自主的 內治·外交'를 보장했다. 한국 학계에서는 이 시기 청의 조선 진출을 흔히 '간섭'이라는 측면에서 보아왔고, 당연히 조선은 타율적으로 비쳐졌다. 하지만 임진왜란 당시 조선이 자율적으로 명에 파병을 요청했듯이, 이 시기에도 조선이 자율적으로 청의 진출을 요구했거나, 청의 진출을 적극적으로 수용했을 수도 있다는 점 역시 간과해서는 안 된다고 본다.

그 밖에 청군과 일본군의 조선 진출에 대한 목적에도 객관적인 판단이 필요가 있다고 본다. 즉 궁극적으로 청군의 진출은 국방안전방위로부터 출발하여 조선 내정을 간섭한 반면, 일본군의 진출은 조선을 실질적인 속국으로 만들기 위한 것이라고 볼 수 있겠다.

끝으로, 본 연구는 조청 조공책봉관계의 전반적인 변화과정을 중심으로 조청 외교관계의 변화과정을 통설적으로 살펴보려고 하였다. 한편으로 본 연구가 기존의 연구 성과를 비판적으로 수용한 토대 위에 객관적인 시각으로 조선과 청을 비롯한 동아시아 외교관계를 논하고자 한 원래의 의도와 약간의 차이가 있을 수도 있겠다. 이러한 것은 향후 보다 심층적인 연구를 통하여 보완할 것을 附記해 둔다.

參考文獻

Ⅰ. 史料

1. 한국사료

국사편찬위원회, 『조선왕조실록』, 1969.

_____, 『고종실록』, 1960.

_____, 『高宗時代史』, 탐구당, 1970.

_____, 『同文彙考』, 1978.

_____, 『備邊司謄錄』, 1972.

_____, 『尹致昊日記』(韓國史料叢書 19), 탐구당, 1973.

_____, 『中國正史 朝鮮傳』, 1986.

_____, 『承政院日記』, 1968.

고려대학교아세아문제연구소, 『구한국외교문서』, 고려대학교출판부, 1965 – 1970.

민족문화추진회, 『담헌서』, 탐구당, 1974.

_____, 『연행록선집』, 경인문화사, 1976.

서울대학교 고전간행회, 『日省錄』(高宗篇), 서울대학교 출판부, 1972.

세종대왕기념사업회, 『통문관지』(외교사고전국역 1), 1998.

韓國學文獻研究所, 『魚允中全集』, 亞細亞文化社, 1979.

洪鳳漢 等 編著, 『增補文獻備考』, 명문당, 1959.

2. 중국사료

『史記』.

『漢書』.

『後漢書』.

中央研究院近代史研究所 編, 『清季中日韓關係史料』, 臺北: 中央研究
　　　院近代史研究所, 1972.

趙中孚・張存武・胡春惠 編, 『近代中韓關係史料滙編』, 臺北: 國史
　　　館, 1987.

李毓澍 編, 『清季中日韓關係資料三十種綜合分類目錄』(中文研究資料
　　　中心研究資料叢書 16), 臺北: 中央研究院近代史研究所, 1977.

北平故宮博物院 編, 『清光緒朝中日交涉史料』, 北京: 文海出版社, 1932.

王彦威 輯・王亮 編, 『清季外交史料』, 北京: 清外交史料編纂處, 1932.

吳晗輯, 『朝鮮王朝實錄中的中國史料』, 北京: 中華書局, 1980.

李澍田 等, 『清實錄朝鮮史料摘編』, 長春: 吉林文史出版社, 1991.

趙爾巽 等 纂修, 『清史稿』, 瀋陽印本, 1928.

『清實錄』, 北京: 中華書局, 1985 – 1986.

『明實錄』, 北京: 中華書局, 1985 – 1986.

文慶 等 纂修, 『道光朝籌辦夷務始末』, 北京: 故宮博物院, 1929.

賈楨 等 纂修, 『咸豊朝籌辦夷務始末』, 北京: 故宮博物院, 1930.

寶鋆 纂修, 『同治朝籌辦夷務始末』, 北京: 故宮博物院, 1930.

清高宗 勅撰, 『皇朝文獻通考(清文獻通考)』, 北京: 商務印書館, 1936.

顧廷龍・葉亞廉 主編, 『李鴻章全集』, 上海人民出版社, 1987.

吳汝綸 編, 『李文忠公全書』, 臺北: 文海出版社, 1965.

中國第一歷史檔案館 編, 『清代中朝關係檔案史料彙編』, 北京: 中國檔
　　　案出版社, 1996.

中國第一歷史檔案館 編, 『清代中朝關係檔案史料續編』, 北京: 中國檔
　　　案出版社, 1998.

中國第一歷史檔案館・北京大學・澳門理工學院 編, 『清代外務部中
　　　外關係檔案史料叢編: 中西關係卷』, 北京: 中華書局, 2004.

鄭毅 主編, 『‘同文匯考’中朝史料』, 長春: 吉林文史出版社, 2003 – 2004.

3. 일본사료

日本外務省 編, 『日本外交文書』, 1950.

日本外務省 編, 『日本外交年表竝主要文書』(1840 – 1945), 東京: 原書
　　　房, 1965.

II. 단행본

1. 韓文

姜在彦, 『新編韓國近代史研究』, 한울출판사, 1995.

고병익, 『東亞交涉史의 연구』, 서울대출판부, 1970.

_____, 『동아교섭사의 연구』, 서울대학교 출판부, 1970.

具本重, 『丙寅·辛未洋擾史』(民族戰亂史6), 國防部戰史編纂委員會, 1989.

구선희, 『韓國近代 對淸政策史 研究』, 혜안, 1999.

국사편찬위원회, 『한국사』, 탐구당, 1995.

국사편찬위원회·한국사학회, 『한중관계사 연구의 성과와 과제』, 2003.

국제관계연구회, 『근대국제질서와 한반도』, 을유문화사, 2003.

權悳永, 『古代韓中外交史: 遣唐使 研究』, 일조각, 1997.

權錫奉, 『淸末 對朝鮮政策史研究』, 일조각, 1986.

권선홍 외 공저, 『전통시대 중국의 대외관계』, 부산외국어대학교 출판부, 1999.

_____, 『전통시대 동아시아 국제관계』, 부산외국어대학교 출판부, 2004.

권혁수, 『19世紀末 韓中 關係史 研究』, 백산자료원, 2000.

金景昌, 『東洋外交史』, 집문당, 1982.

金容九·河英善 공저, 『한국외교사연구 - 기본사료·문헌해제』, 나남출판, 1996.

_____, 『세계관 충돌과 한말 외교사(1866 - 1882)』, 문학과지성사, 2001.

金源模 編著, 『近代韓國外交史年表』, 단국대학교 출판부, 1984.

金允植, 『陰晴史』, 국사편찬위원회, 1958.

김종원, 『朝淸交涉史研究』, 부산대학교출판사, 1998.

_____, 『근세 동아시아관계사 연구 - 朝淸交涉과 東亞三國交易을 중심으로 -』, 혜안, 1999.

金洪喆, 『外交制度史』, 대우학술총서 인문사회과학 15, 민음사, 1985.

김기혁, 『근대한·중·일관계사』, 연세대학교 출판부, 2007.

김위현, 『한중관계논저목록(1900 - 1999)』, 예문춘추관, 2002.

김한규,『古代中國的 世界秩序硏究』, 일조각, 1982.

_____,『한중관계사』Ⅰ Ⅱ, 아르케, 1999.

_____,『天下國家 - 전통시대 동아시아 세계 질서』, 소나무, 2005.

노계현,『한국외교사론』, 대왕사, 1984.

董德模,『韓國의 開國과 國際關係』, 서울대학교 출판부, 1980.

_____,『朝鮮朝의 國際關係』, 博英社, 1990.

동아시아사연구회,『한국사와 동아시아』, 東史, 1997.

박영희,『근현대 중·한관계사 연구』, 國學資料院, 2001.

박원호,『明初朝鮮關係史硏究』, 일조각, 2002.

_____ 외 지음,『15 - 19세기 중국인의 조선인식』(고구려연구재단 연구
        총서09), 고구려연구재단, 2005.

방수옥,『중국의 외교정책과 한중관계』, 인간사랑, 2004.

방향숙 외 지음,『한중 외교관계와 조공책봉』(고구려연구재단 연구총서
        08), 고구려연구재단, 2004.

백영서 외 지음,『동아시아의 지역질서: 제국을 넘어 공동체로』, 창비,
        2005.

성황용,『근대동양외교사』, 명지사, 2005.

손승철,『朝鮮時代 韓日關係史硏究』, 지성의 샘, 1994.

宋炳基,『近代韓中關係史硏究 - 19世紀末의 聯美論과 朝淸交涉 - 』,
        檀國大學校 출판부, 1985.

송영우,『한중관계론』, 지영사, 1993.

신국주,『한국근대정치외교사』, 탐구당, 1965.

申基碩,『韓末外交史硏究』, 일조각, 1967.

역사학회,『전쟁과 동북아의 국제질서』, 일조각, 2006.

이개석 외,『중국의 동북공정과 중화주의』(고구려연구재단 연구총서12),
        고구려연구재단, 2005.

이규수 외,『근대전환기 동아시아속의 한국』, 성균관대학교 출판부,
        2004.

李基白,『한국사신론』, 일조각, 2007.

이장우 외,『중국, 한국과 세계』, 영남대학교 출판부, 2003.

이춘식,『中華思想의 理解』, 신서원, 2003.

전해종, 『韓中關係史 研究』, 일조각, 1970.

_____, 『東亞史의 比較研究』, 일조각, 1992.

_____, 『동아시아사의 비교와 교류』, 지식산업사, 2000.

정옥자, 『조선후기 조선중화사상 연구』, 一志社, 1998.

조동일, 『문명권의 동질성과 이질성』, 지식산업사, 1999.

조영록 외, 『중국과 동아시아 세계』, 國學資料院, 1996.

채중묵, 『한국외교사』, 형성출판사, 1990.

최동희, 『조선의 외교정책』, 집문당, 2004.

최문형, 『제국주의 시대의 열강과 한국』, 민음사, 1990.

최소자, 『清과 朝鮮』, 梨花女子大學校 史學研究所, 1995.

_____, 『명청시대 중・한관계사 연구』, 이화여자대학교 출판부, 1997.

최영진, 『동아시아 국제관계사』, 지식산업사, 1996.

한국사연구회, 『古代韓中關係史의 研究』, 삼지원, 1987.

한국정치외교사학회, 『甲申政變 研究』, 평민사, 1985.

한국정치외교사학회, 『한국 외교사』 1, 집문당, 1993.

한명기, 『임진왜란과 한중관계』, 역사비평사, 1999.

황원구, 『동아세아사연구』, 일조각, 1976.

『동아시아 관계사 자료색인 및 분류목록』, 國學資料院, 2003.

여호규 외, 『한국 고대국가와 중국왕조의 조공・책봉관계』(고구려연구
　　　재단 연구총서 15), 고구려연구재단, 2006.

2. 中文

高句麗研究財團編輯委員會, 『朝鮮學研究論文集』, 延吉: 東北朝鮮民
　　　族教育出版社, 1996.

吉林師範學院古籍研究所, 『中朝關係史研究論文集』, 長春: 吉林文史
　　　出版社, 1996.

盧啓鉉, 『高麗外交史』, 延吉: 延邊大學出版社, 2002.

戴逸 主編, 『簡明清史』(上・下), 北京: 人民出版社, 2004.

稻葉君山, 『清朝全史』, 上海: 上海社會科學院, 2006.

東南大學韓國學研究所編, 『東南大學韓國學論集』, 南京: 東南大學出
　　　版社, 1998.

黎虎,『漢唐外交制度史』, 蘭州: 蘭州大學出版社, 1998.

劉家駒,『清朝初期的中韓關係』, 臺北: 文史哲出版社, 1986.

劉永智, 『東北亞研究 – 中朝關係史研究』, 鄭州: 中州古籍出版社, 1995.

李昌植,『朝日近代思想的形成及其比較研究』, 長春: 吉林敎育出版社, 2000.

孟森,『明淸史講義』(上・下), 北京: 中華書局, 1981.

白新良 主編,『中朝關係史 – 明淸時期』, 北京: 世界知識出版社, 2002.

北京大學亞太研究中心朝鮮學叢書編輯委員會,『朝鮮學論文集』 1, 北京大學出版社, 1992.

北京大學朝鮮文化研究所 編,『朝鮮學研究』(摠第二期), 北京: 民族出版社, 1994.

徐萬民,『中韓關係史(近代卷)』, 北京: 社會科學文獻出版社, 1996.

蕭新煌・陳明秀 編,『東南亞, 日本, 韓國研究博碩士論文彙編』, 臺北: 中央研究院, 1999.

蕭一山,『淸代通史』, 北京: 中華書局, 1986.

孫宏年,『淸代中越宗藩關係研究』, 哈爾濱: 黑龍江敎育出版社, 2006.

楊公素,『晚淸外交史』, 北京大學出版社, 1991.

楊軍・王秋彬,『中國與朝鮮半島關係史論』, 北京: 社會科學出版社, 2006.

楊昭全,『中朝關係史論文集』, 北京: 世界知識出版社, 1988.

_____・韓俊光,『中朝關係簡史』, 瀋陽: 遼寧民族出版社, 1992.

楊昭全 등,『中韓關係通史』, 長春: 吉林人民出版社, 1996.

王東福,『朝鮮半島與東北亞國際關係史研究』, 延吉: 延邊大學出版社, 2002.

王明星,『韓國近代外交與中國(1861 – 1910)』, 北京: 中國社會科學出版社, 1998.

王芸生,『六十年來中國與日本』, 天津: 三聯書店, 1979.

王立誠,『中國近代外交制度史』, 蘭州: 甘肅人民出版社, 1991.

王曾才,『淸季外交史論集』, 臺北: 中央研究院研究所, 1972.

苑書義,『李鴻章傳』, 北京: 人民出版社, 1991.

魏志江, 『中韓關係史研究』, 廣州: 中山大學出版社, 2006.

李大龍, 『漢唐藩屬體制研究』(東北邊疆研究叢書), 北京: 中國社會科
　　　學出版社, 2006.

李云泉, 『朝貢制度史論－中國古代對外關係體制研究』, 北京: 新華出
　　　版社, 2004.

李花子, 『清朝與朝鮮關係史研究－以越境交涉爲中心』, 延吉: 延邊大
　　　學出版社, 2006.

林明德, 『袁世凱與朝鮮』, 臺北: 中央研究院近代史研究所, 1985.

張存武, 『清代中朝關係論文集』, 臺北: 臺灣商務印書館, 1985.

＿＿＿・胡春惠・趙中孚　主編, 『近代中韓關係史料彙編(1860－1945)』,
　　　臺北: 國史館刊印, 1987.

鄭判龍・李鍾殷　主編, 『朝鮮－韓國文化與中國文化』, 北京: 中國社
　　　會科學出版社, 1995.

朝鮮學研究編輯委員會, 『朝鮮學研究』 4, 延邊大學出版社, 1992.

曹中屛, 『東亞與太平洋國際關係: 東西方文化的撞擊1500－1923』, 天
　　　津大學出版社, 1992.

陳峰君, 『亞太大國與朝鮮半島』, 北京大學出版社, 2002.

陳尙勝　等, 『朝鮮王朝(1392－1910)對華觀的演變』, 山東大學出版社,
　　　1999.

崔蓮・金順子　編, 『中國朝鮮學: 韓國學研究文獻目錄(1949－1990)』,
　　　北京: 中央民族大學出版社, 1995.

崔丕, 『近代東北亞國際關係史研究』, 長春: 東北師範大學出版社,
　　　1992.

杭州大學圖書館・杭州大學韓國研究所　編, 『韓國研究中文文獻目錄:
　　　1912－1993』, 杭州大學出版社, 1994.

黃寬重　編, 『中韓關係中文論著目錄』, 臺北: 漢學研究資料及服務中
　　　心, 1987.

黃定天, 『東北亞國際關係史』, 哈爾濱: 黑龍江教育出版社, 1999.

3. 日文

岡本隆司, 『屬國と自主のあいだ: 近代淸韓關係と東アジアの命運』, 名古屋大學出版會, 2004.

姜在彦, 『朝鮮の開化思想』, 東京: 岩波書店, 1980.

姜在彦, 『近代朝鮮の思想』, 東京: 明石書店, 1996.

堀敏一, 『中國と東アジア世界』, 岩波書店, 1993.

吉野誠, 『東アジア史のなかの日本と朝鮮: 古代から近代まで』, 明石書店, 2004.

鹿島守之助, 『日本外交史』, 東京: 鹿島研究所出版會, 1970.

木崎弘美, 『近世外交史料と國際關係』, 吉川弘文館, 2004.

濱下武志, 『近代中國の國際的契機 朝貢貿易システムと近代アジア』, 東京大學出版會, 1990.

_____, 『朝貢貿易システムと近代アジア』, 岩波書店, 1997.

山內弘一, 『朝鮮からみた華夷思想』, 山川出版社, 2003.

西嶋定生, 『中國古代國家と東アジア世界』, 東京大學出版會, 1983.

西里喜行, 『淸末中琉日關係史の研究』, 京都大學學術出版會, 2005.

植田捷雄, 『近代日本外交史の研究』, 東京: 有斐閣, 1956.

沈箕載, 『幕末日朝外交史の研究』, 臨川書店, 1997.

岸本美緒・宮嶋博史, 『明淸と李朝の時代』(世界の歷史12), 中央公論社, 1998.

田保橋潔, 『近代日鮮關係の研究』, 東京: 宗高書房, 1958.

田中健夫, 『中世對外關係史』, 東京大學出版會, 1975.

鄭樑生, 『明・日關係史の研究』(築波大學 博士學位論文), 1984.

川島眞, 『中國近代外交の形成』, 名古屋大學出版會, 2004.

坂野正高, 『近代中國政治外交史』, 東京大學出版會, 1973.

彭澤周, 『明治初期日韓淸關係の研究』, 東京: 塙書房, 1969.

荒野泰典, 『近世日本と東アジア』, 東京大學出版會, 1988.

4. 번역본

O. N. 데니 著, 柳永博 譯, 『淸韓論』, 東方圖書株式會社, 1989.

무쓰무네미쓰(陸奧宗光) 著, 김승일 옮김, 『건건록』, 汎友社, 1993.
費正淸(John K. Fairbank) 著, 『劍橋中國晚淸史』 上·下, 北京: 中國
　　社會科學出版社, 1985.
존 K. 페어뱅크·에드윈 O. 라이샤워·앨버트 M. 크레이그 著, 김한
　　규·전용만·윤병남 옮김, 『동양문화사』 상·하, 을유문화사,
　　2003년.
蔣非非 著, 김승일 옮김, 『한중관계사』(북경대학 한국학 연구센터 한국
　　학 총서), 종합출판 범우, 2005.
蔣廷黻 著, 김기주·김원수 옮김, 『청·일·한 외교관계사』, 민족문화
　　사, 1991.
陳偉芳 著, 權赫秀 譯, 『淸日戰爭과 朝鮮』, 백산자료원, 1996.
黃遵憲 著, 趙一文 譯註, 『朝鮮策略』, 건국대학교 출판부, 1988.
李定夷 著, 宮崎八百吉 譯, 『支那外交秘史』, 東京: 世界公論社,
　　1920.

Ⅲ. 연구논문

1. 韓文

高錫元, 「麗末鮮初의 對明外交」, 『白山學報』 23, 1977.
구선희, 「19세기 후반 조선사회와 전통적 조공관계의 성격」, 『史學硏
　　究』 80, 2005.
權錫奉, 「개항기 朝·淸關係」, 第2次韓中學術會議(한중교육기금회 주
　　최), 1980.
_____, 「淸廷에 있어서의 大院君과 그의 還國」, 『東方學志』 27 – 8,
　　1981.
_____, 「淸末 中國人의 韓國觀」, 『北韓』 137, 1983.
_____, 「淸日戰爭 이후의 韓淸關係硏究」, 『淸日戰爭을 前後한 韓國
　　과 列强』, 1984.
_____, 「韓淸通商條約의 締結」, 『東方學志』 54·55·56 合集, 1987.

권선홍, 「朝貢使行小考: 朝鮮王朝의 對淸使行을 중심으로」, 한양대학교 석사학위논문, 1978.

권선홍, 「조선왕조의 對淸 조공사절」, 『國際問題論叢』 10, 1998.

권선홍, 「조선시대 중국과의 책봉·조공관계에 대한 인식」, 『國際問題論叢』 12 – 13, 2002.

권수현, 「大院君政權(1864 – 1873)의 對淸政策에 관한 一研究」, 고려대 교육대학원 역사교육과 석사학위논문, 1992.

권혁수, 「李鴻章의 朝鮮認識과 政策 研究(1870 – 1895)」, 韓國精神文化研究院 한국학대학원 박사학위논문, 1998.

_____, 「한중관계의 근대적 전화과정에서 나타난 비밀 – 李鴻章과 李裕元의 往復書信을 중심으로 – 」, 『韓國學論集』 37, 2003.

金暻綠, 「朝鮮初期 對明外交와 外交節次」, 『韓國史論』 44, 2000.

金景昌, 「甲申政變에 관한 政治外交史的 研究」, 『金景昌華甲論文集』, 1985.

金九鎭, 「朝鮮初期 對女眞關係와 女眞社會의 實態」, 『東洋學』 14, 1984.

_____, 「朝鮮 前期 韓中關係史의 試論 – 朝鮮과 明의 使行과 그 性格에 대하여 – 」, 『弘益史學』 4, 1990.

金淇森, 「朝美修好條約 締結時 惹起된 淸國에 대한 朝鮮의 屬邦問題」, 『國史研究』 1, 1978.

김기혁, 「近代初期에 있어서 韓·淸·日 關係의 展開」, 『思想과 政策』 4호, 京鄕新聞社, 1984.

金達中, 「中國의 對韓干涉 및 統制政策: 1880年代를 中心으로」, 『社會科學論集』 12, 1981.

金輔璟, 「淸日戰爭前後 國際秩序 認識의 變化」, 숙명여대 대학원, 박사학위논문, 2004.

金榮濟, 「韓國의 門戶開放을 圍繞한 國際關係의 研究」, 중앙대학교 대학원 석사학위논문, 1960.

金源模, 「袁世凱의 韓半島 安保策(1886)」, 『東洋學』 16, 1986.

金麟坤·尹錞甲, 「朝·淸關係의 特性과 그 變化要因」, 『社會科學』 5, 1986.

金正起,「淸의 朝鮮에 대한 軍事政策과 宗主權(1879 - 94)」,『邊太燮博士華甲記念史學論叢』, 1985.

김종원,「淸의 對朝鮮 積極策의 機緣 - 壬午事變時의 派兵問題를 中心으로 -」,『李海南華甲論叢』, 1970.

金景昌,「'朝鮮屬邦論'이 近代極東國際關係에 미친 影響」,『경희대논문집』 7, 1972.

_____,「甲申變亂後의 韓日・淸日交涉始末」,『경희대논문집』 8, 1974.

_____,「列强의 侵蝕과 韓末의 悲運, 韓日・韓美條約과 淸韓宗屬關係를 중심으로」,『政經硏究』 147, 1977.

_____,「「청・조종속론」을 圍繞한 東亞國際關係에 관한 硏究」, 경희대 박사학위논문, 1979.

_____,「甲申政變硏究 - 갑신정변의 선후 처리를 위한 청일간의 외교교섭 시말」,『한국정치외교사논총』, 1985.

김두현,「청조정권의 성립과 발전」,『강좌중국사』 4(지식산업사), 1989.

金壽岩,「淸日戰爭 原因에 關한 硏究: 東北亞國際政治秩序와 日本國內政治構造와의 關聯性을 中心으로」, 서울대학교 대학원 석사학위논문, 1987.

金榮濟,「韓國의 門戶開放을 圍繞한 國際關係의 연구: 中・韓從屬關係의 始末을 중심으로」,『法政論叢』 10, 1960.

김원모,「이홍장의 列國立約通商勸告策과 조선의 대응」,『동양학』 24, 단국대 동양학연구소, 1994.

김정기,「청의 조선 종주권 문제와 내정간섭」,『역사비평』 1, 역사비평사, 1988.

_____,「1876 - 1894년 淸의 朝鮮政策 硏究」, 서울대학교 박사학위논문, 1994.

김정호,「19세기 후반 문호개방기의 동아시아 국제관계의 특성에 관한 연구」, 인하대 대학원 석사학위논문, 1994.

남궁곤,「동아시아 평화체제에 관한 연구: 조선사행록을 통해 본 18세기 조공체제」,『한국정치학회보』, 1999.

朴雪子,「巨文島 占領事件의 國際 政治的 意義」, 숙명여대 대학원 석

사학위논문, 1971.

朴成柱, 「高麗末 麗·明간 朝貢冊封關係의 展開와 그 性格」, 『慶州史學』 23, 2004.

박원호, 「明初朝鮮의 遼東征伐計劃과 表箋問題」, 『白山學報』 19, 1975.

_____, 「근대 이전 한중관계사에 대한 시각과 논점」, 『한국사 시민강좌』 40, 일조각, 2007.

朴日根, 「李鴻章의 對朝政策 – 英艦의 巨文島事件을 中心으로 – 」, 『사회과학논총』 1 – 1, 1982.

_____, 「李鴻章과 穆麟德의 在韓外交活動에 對한 小考」, 『사회과학논총』 4 – 1, 1985.

朴正鉉, 「청일전쟁에 대한 중국의 역사인식과 역사교육의 방향」, 『中國近現代史研究』 20, 2003.

朴俊圭, 「淸日戰爭과 列强外交」, 『東亞文化』 2, 1964.

박현모, 「세도정치기(1800 – 1863) 조선의 대외정책 연구」, 『國際政治論叢』 44 – 4, 2004.

백봉종, 「중국적 세계질서와 서구적 근대 국제질서의 비교 – 평화와 전쟁을 중심으로 – 」, 『한국동북아논총』 16, 2000.

白鐘基, 「壬午軍亂을 에워싼 淸日兩國의 對韓政策에 관한 一管見」, 『大東文化研究』 16, 1982, 169쪽.

徐炳國, 「朝鮮前期 對女眞關係史」, 『國史館論叢』 14, 1990.

徐榮洙, 「古代 韓中關係 研究試論」, 『學術論叢』 5, 1981.

_____, 「三國時代 韓中外交의 전개와 성격」, 『古代韓中關係史의 研究』(한국사연구회), 1987.

서영희, 「한청통상조약 이후 韓中 외교의 실제와 상호 인식」, 『동북아역사논총』 13, 동북아역사재단, 2006.

손승철, 「朝鮮後期 脫中華的 交隣體制의 獨立性과 虛構性」, 『國史館論叢』 57, 국사편찬위원회, 1994.

申基碩, 「甲申政變과 韓淸日 外交關係」, 『國際法學會論叢』 4 – 1, 1959.

_____, 「朝鮮問題에 關한 露淸外交官關係 – 朝露密約事件을 中心으로 – 」, 『學術院論文集』 1, 1959.

_____, 「淸韓宗屬關係－壬午軍亂을 前後한－」, 『亞細亞硏究』 2－1, 1959.

_____, 「朝鮮國의 美歐派使에 대한 淸國의 干涉」, 『學術院論文集』 2, 1960.

_____, 「淸日戰爭과 淸韓宗屬關係」, 『釜山大學論文集』 8, 1967.

申福龍, 「淸朝의 對韓外交政策 硏究: 1876－1910」, 『國史館論叢』 5, 國史編纂委員會, 1989.

신석호, 「조선왕조 개국당시의 대명관계」, 『國史上의 諸問題』 1, 1959.

沈星求, 「朝淸關係에 있어서 宗主權의 近代的 推移」, 동국대 대학원 석사학위논문, 1963.

沈儀琳, 「중국에서의 韓國學硏究現況」, 『中蘇硏究』 56, 한양대, 1992.

楊秀芝, 「朝鮮·琉球關係 연구: 朝鮮前期를 중심으로」, 韓國精神文化硏究院 한국학대학원 박사학위논문, 1994.

廉東龍, 「國際勢力圈 理論에서 본 淸日 戰爭背景」, 경북대 대학원 박사학위논문, 1997.

유재택, 「전통적 朝貢關係와 韓·中 關係의 이해」, 『東西史學』 1, 1995.

유제령, 「조공책봉관계의 시대적 변천을 통해서 본 한중관계사의 이해」, 동국대학교 교육대학원 석사학위논문, 2007.

李光麟, 「韓國에 있어서의 萬國公法의 收容과 그 影響」, 『東亞硏究』 1, 1982.

李基白, 「植民主義史學을 다시 批判한다」, 『硏史隨錄』, 일조각, 1994.

李炳柱, 「李鴻章의 對韓政策: 主로 十九世紀後半期의 外交政策을 中心으로」, 『논문집』 2, 1965.

李完宰, 「개화기의 '淸·朝宗屬'問題에 대하여」, 『한국학논집』 12, 1987.

李春植, 「朝貢의 起源과 그 意味－先秦時代를 中心으로－」, 『中國學報』 10, 1969.

_____, 「'左傳'中에 보이는 事大의 意味」, 『史叢』, 1969.

_____, 「漢代의 羈縻政策과 事大 朝貢」, 『史學志』, 1970.

_____, 「中國 古代 朝貢의 實體와 性格」, 『中國學論叢』, 1986.

_____, 「西周 宗法封建制度의 起源問題」, 『東洋史學研究』 26, 1987.

_____, 「中國古代國家의 二重構造와 世界觀」, 『아시아연구』 87, 1992.

_____, 「중화세계질서 이념의 탄생에 대하여」, 『중국학논총』 11, 1998.

_____, 「先秦시대 孔子와 儒家의 華夷觀에 대하여」, 『중국학논총』 15, 2002.

_____, 「동아시아 국제사회의 형성과 조공외교: 춘추시대를 중심으로」, 『동양정치사상사』, 2006.

李鉉, 「開港期 東Asia의 國際關係」, 『加羅文化』 4, 경남대학교 가라문화연구소, 1986.

李鉉淙, 「朝鮮初期의 對外關係 - 對明關係 - 」, 『한국사』 9, 국사편찬위원회, 1977.

李炫熙, 「東學革命運動과 淸日의 反應」, 『史學硏究』 18, 1984.

이희경, 「朝鮮의 明과의 朝貢貿易에 관한 硏究」, 인천대학교 교육대학원 석사학위논문, 2001.

林明德, 「甲申政變前後 中國의 對韓政策」, 『思想과 政策』 4, 京鄕新聞社, 1984.

_____, 「李鴻章對朝鮮的宗藩政策」, 『한국연구논총』 1, 복단대학한국연구중심 主編, 1995.

임중헌, 「壬辰倭亂을 中心으로한 三國(韓·中·日)의 外交關係」, 경희대학교 대학원 석사학위논문, 1976.

林采正, 「朝鮮末期의 情勢와 淸의 對朝鮮政策一考: 特히 1875年 - 1887年의 李鴻章의 外交를 中心으로」, 한양대학교 대학원 석사학위논문, 1981.

전해종, 「漢代의 朝貢制度에 대한 一考察 - <史記>·<漢書>를 통하여 - 」, 『東洋史學』 6, 1966.

_____, 「韓中朝貢關係考 - 韓中關係史의 島鑑을 위한 導論 - 」, 『東洋史學硏究』 1, 1966.

_____, 「韓中關係史 硏究: 淸代를 中心으로」, 서울대학교 대학원 박사학위논문, 1967.

_____, 「淸代 韓中關係의 一考察 - 朝貢制度를 통하여 본 態度의 변천에 대하여 - 」, 『東洋學』 1, 1971.

_____, 「조선전기 한중관계의 몇 가지 특징적인 문제」, 『동양학』 14, 1984.

정광호, 「淸韓宗屬關係의 始末을 中心한 國際關係의 연구」, 경희대학교 대학원 석사학위논문, 1967.

정용화, 「조선의 조공체제 인식과 활용」, 『한국정치외교사 논총』 27, 2006.

조동일, 「문명권의 동질성과 이질성」, 『지식산업사』, 1999.

조영록, 「入關前 明鮮時代의 滿洲女眞史」, 『白山學報』 22, 1977.

_____, 「朝鮮의 小中華觀 – 明淸交替期 東亞三國의 天下觀의 變化를 중심으로 – 」, 『역사학보』 149, 1996.

_____, 「중국적 국제질서의 推移와 韓日의 對應」, 『중국과 동아시아 세계』, 1996.

周翠蘭, 「朝・明 朝貢關係에 관한 연구」, 경희대학교 대학원 석사학위논문, 1978.

차경애, 「한중관계사 연구의 현황과 과제」, 『경기사론』 7, 2003.

최동희, 「조선과 청의 조공관계 연구」, 『한국정치외교사논총』 24, 2002.

최소자, 「淸朝의 對朝鮮政策 – 康熙年間을 중심으로 – 」, 『明淸史研究』 5, 明淸史學會, 1996.

_____, 「청국과의 관계」, 『한국사: 조선후기의 대외관계』 32, 국사편찬위원회, 1997.

_____, 「明淸時代 對外關係史의 成果와 課題」, 『明淸史研究』 19, 2003.

秋憲樹, 「李朝末의 韓中關係研究」, 『延世論叢』 7, 1966.

피터 윤, 「서구학계 조공제도 이론의 중국중심적 문화론 비판」, 『아세아연구』 45 – 3, 2002.

한공택, 「1880年代 淸의 對朝鮮政策과 朝露關係」, 『연구논문집』 19, 1990.

韓圭茂, 「淸・朝鮮間 宗屬關係의 변화와 列强의 태도」, 『근대중국연구』 1, 2000.

허은아, 「淸日戰爭後 韓中關係에 대한 一考察」, 숙명여대 대학원 석사학위논문, 2000.

2. 中文

高偉濃, 「十九世紀八十年代清政府的朝鮮半島政策研究」, 暨南大學 博士學位論文, 1998.

權赫秀, 「中國古代朝貢關係研究評述」, 『中國邊疆史地研究』 15－3, 2005.

祁美琴, 「對清代朝貢體制地位的再認識」, 『中國邊疆史地研究』 16－1, 2006.

大畑篤四郎, 「近代中韓日的國際關係(1876－1945)」, 『中韓關係史國際討論會論文集』, 1983.

柳岳武・趙鑒軍, 「康熙朝清韓宗藩關係研究」, 『蘭州學刊』 152, 2006.

劉爲, 「清代中朝宗藩關係下的通使往來」, 『中國邊疆史地研究』 10－3, 2000.

林國亮, 「試論近代中朝宗藩關系的瓦解」, 延邊大學 碩士學位論文, 2003.

穆銀均, 「晚清中韓關係之研究(1864～1885): 以興宣大院君與清廷的關係爲中心」, 國立臺灣大學博士學位論文, 1987.

蘇苑, 「清韓宗藩關係的解體及中國半植民地化的加深」, 『江蘇社會科學』, 2001.

宋慧娟, 「清代中朝宗藩關係嬗變研究」, 吉林大學 博士學位論文, 2006.

楊芳, 「宗藩體制與晚清外交」, 山東師範大學 碩士學位論文, 2005.

楊岩, 「清代前期外交研究」, 山東大學 碩士學位論文, 2006.

魏志江, 「論清兵入關後大清與朝鮮的關係－兼與韓國全海宗教授商榷」, 『江海學刊』, 2002.

喻常森, 「試論朝貢制度的演變」, 『南洋問題研究』 101, 2000.

林龍飛, 「晚清宗藩體制的解體」, 『湘潭大學社會科學學報』, 2000.

_____, 「清代宗藩體制的形成及特點初探」, 『長沙電力學院學報』(社會科學版), 2001.

庄國土, 「略論朝貢制度的虛幻: 以古代中國與東南亞的朝貢關係爲例」, 『南洋問題研究』 123, 2005.

張凌宇, 「晚清李鴻章外交策略述論」, 吉林大學 碩士學位論文, 2004.

張立華, 「論清政府在朝鮮問題上的'以夷制夷'策略」, 延邊大學 碩士學位論文, 2004.

張存武, 「有關韓國的中國史料之考察」, 『金俊燁教授華甲紀念中國學論叢』, 1983.

刁書仁, 「論清朝與朝鮮宗藩關係的形成與確立」, 『揚州大學學報(人文社會科學版)』 7 - 1, 2003.

朱高云, 「李鴻章外交思想研究」, 北京大學 碩士學位論文, 1998.

陳潮, 「明清之季中韓宗藩關係探索」, 『學術論壇』, 1997.

叢佩遠, 「明代遼東邊墙」, 『東北地方史研究』 85 - 1, 1985.

片忠範, 「袁世凱與中韓宗藩關係」, 北京大學 碩士學位論文, 1996.

黃寬重・張斐怡, 「海峽兩岸中韓關係史研究的回顧與展望」, 『韓國學報』 16, 2000.

黃元九, 「從韓中關係看韓國人之對外關係」, 『食貨復刊』 4 - 7, 1974.

繆寄虎, 「中國與朝鮮外交關係概述」, 臺灣大學 碩士學位論文, 1963.

黃俊華, 『李鴻章与晚清宗藩体制的瓦解』, 河南大學 碩士學位論文, 2004.

3. 日文

金鳳珍, 「近代における東アジア地域秩序の再構築」, 『近代日本と東アジア-國際交流再考-』, ちくま書房, 1995.

武仲弘明, 「近代中國における對アジア認識」, 『龍溪』 49, 龍溪書店, 1979.

濱下武志, 「東アジア史見る華夷秩序」, 『國際交流』 62, 1993.

三浦撤明, 「中華世界秩序の崩壞-とくに地理的側面を中心にして-」, 『海外事情』 26 - 9, 1978.

西嶋定生, 「東アジア世界と冊封體制」, 『中國古代國家と東アジア世界』, 1983.

大隅晶子, 「明初洪武期における朝貢について」, 『MUSEUM』 371, 1982.

秋月望, 「韓中間の三貿易章程の締結經緯」, 『朝鮮學報』 115, 1985.

색 인

후 기

　이 책은 본인이 한국에서 발표했던 박사학위논문 『조청 외교관계의 변화연구-조공책봉을 중심으로』를 수정보완하여 출간하는 것이다.

　2003년 여름에 연변대학교에서 재직석사를 마치고 유학을 해야겠다는 하나의 일념으로 가족을 떠나 한국땅을 디딘 지도 어제런 듯하다. 2008년 2월에 학위를 받고 귀국한 후로 벌써 거의 2년이라는 시간이 또 흘렀다. 이제 와서 한국에서의 근 5년간의 유학생활을 떠올리노라니 감회만 깊어 간다. 그렇다, 지금도 늘 꿈속에도 찾아오는 그 고맙고 그리운 분들, 잊지 못할 일들이 나 자신을 감동케 한다.

　우선 지도교수이신 손승철 선생님께 감사하다. 그동안 선생님께 너무 많은 폐를 끼쳐 드린 것 같다. 선생님은 학술에 있어서는 대단히 엄하신 분이었고, 생활에서는 또 그렇게도 열정적이고 자애로우신 분이었다. 지금도 기억이 생생하다. 처음 한국에 유학을 갔을 때 동포 유학생인 나를 직접 데리고 대학원실의 지정자리를 찾아주시고 학업에 매진해야 한다고 신신당부하시며 노트북까지 챙겨주시던 그 정경, 생활에 어려움이 있을 것을 미리 감안하시고 가상강좌 TA장학금을 신청해주신 일, 그리고 몸소 나를 데리고 선생님의 학부생강의를 듣게 하던 일들……1년 후 역시 선생님의 권유하에 아내와 6살짜리 아들을 한국으로 동반자로 데려온 다음 나의 어려운 처지를 충분히 이해하시고 간혹 어린이날이나 기타 명절이 띄우면 이걸 아들한테 갖다 주라면서 치킨이나 다른 선물들을 꼭 꼭 챙겨주시곤 하던 일들……. 선생님께 감사한 일들 이루다 말할 수 없을 것 같다. 이에 비해 귀국한 후로 바쁘단 이유로 선생님께 제대로 연락도 못 드리는 나다. 죄송하기만 하다. 한편으로 박사졸업 후 청도대학교에 전임으로 취직한 후로 강의도중에도 선생님의 몸자세나 억양, 교수법 등 그러한 스타일을 그대로 학생들에게 보여주는 나 자신을 발견할 때면 또 신기하고 놀랍기만 하다. 역시 선생님의 영향을 많이 받은 것만은 또 사실이나보다. 또 그러면서도 변변치 못한 학위논문을 수정하여 급히 저서로 출간하면서 선생님의 관심과 지도에 어긋나지 않을까도 우려된다.

그리고 어려운 유학생활 중에 따뜻한 관심과 배려를 주신 분들 많다. 학과의 대선배로서 늘 나를 비롯해 후배 및 학생들을 챙겨주고 열성껏 도와주시던 유재춘 선생님, 늘 다정한 선배로 끊임없이 관심을 갖다 주신 엄찬호 선생님, 늘 열정적으로 이 중국동포를 관심해주고 보살펴주신 거의 중국통이 다 되신 남의현, 최병욱, 김대기 선생님, 그 밖에도 노연수, 한성주, 이홍권, 정지연, 황은영 등을 비롯한 사학과 대학원 원우회의 많은 선후배님의 사랑과 관심에 감사하기만 하다. 지금이라도 당장 춘천에 뛰어가서 여러분들을 만나 늘 회식자리로 모이던 충남집에 가서 회포의 술을 한잔 같이 나누고 싶다.

아울러 이 책을 사랑하는 친인들께 드리고 싶다. 이 자식을 낳아주고 키워주신 부모님, 아버님은 지난해 여름에 불의의 교통사고로

한마디 유언도 못 남기고 돌아가셨고, 어머님은 지금도 날마다 힘들게 병마와 싸우고 계신다. 박사유학 후기에 부득이한 상황으로 귀국시켜 보낸 아들을 챙겨주시느라 많은 노고를 해주신 장모님과 처형 등 처갓집 여러분, 한국에서나 중국에서나 늘 옆에서 정성껏 챙겨주고 이해해주고 도와준 아내, 이 모든 이들에게 고마운 마음일 뿐이다.

끝으로 흔쾌히 이 책을 출판해 주시는 한국학술정보(주) 여러분께 진심으로 감사의 말씀을 드린다.

2010년 1월 21일
중국 청도에서
김 성 근

김성근

■약 력

1972년 중국 길림성 화룡에서 출생
1994년 길림사범대학교 정치학과 졸업
2003년 연변대학교 사회과학부 전임교수
2003년 연변대학교 사회과학부 대학원 졸업(법학석사)
2008년 한국 강원대학교 인문대학 사학과 대학원 졸업(문학박사)
현) 중국 청도대학교 한국어학과 전임교수
전공 분야: 조선시대 한중관계사

■주요 논저

「연행록과 조선사행원의 대청인식소고 - 연행록선집을 중심으로 - 」
「조공책봉체제와 朝·明·後金 외교관계」
「유교와 한국언어문화와의 관계」
『중국근현대사 연구』(공저)
강풀 저, 순정만화 2『바보』(역서)
김윤경 저,『CEO의 하루경영』(역서)
외 다수

朝 · 淸
외교관계
변화연구

朝貢 · 册封을 중심으로

초판인쇄 | 2010년 3월 31일
초판발행 | 2010년 3월 31일

지은이 | 김성근
펴낸이 | 채종준
펴낸곳 | 한국학술정보㈜
주　소 | 경기도 파주시 교하읍 문발리 파주출판문화정보산업단지 513-5
전　화 | 031) 908-3181(대표)
팩　스 | 031) 908-3189
홈페이지 | http://www.kstudy.com
E-mail | 출판사업부　publish@kstudy.com
등　록 | 제일산-115호(2000. 6. 19)

ISBN　978-89-268-0948-8 93910 (Paper Book)
　　　　978-89-268-0949-5 98910 (e-Book)

내일을여는지식 은 시대와 시대의 지식을 이어 갑니다.